はじめに―差別のない社会の

　一般社団法人部落解放・人権研究所「差別禁止法研究会」（代表　内田博文）は2022年3月、「すべての人の無差別平等の実現に関する法律（案）」（包括的差別禁止法案）を発表しました。

　私たちが暮らすこの社会には、まだまだたくさんの差別が存在しています。私たちは障害者、LGBTQと呼ばれる性的少数者、アザやアルビノなど外見に特徴を持つ「見た目問題」当事者、ハンセン病回復者、HIV陽性者、アイヌ、水俣病被害者、在日外国人、部落出身者、自死遺族など被差別当事者と一緒になって、理不尽な差別の現実を明らかにし、その早急な解決を実現するため、この法案をまとめました。

　差別の現実、過酷な人権侵害の現実は日本社会に紛れもなく存在します。しかし、それはなかなか可視化されません。なぜなら被差別当事者が被害を訴えることは、自らの社会的立場をカミングアウトすることであり、より一層厳しい差別の視線にさらされる危険が生じるからです。しかし、私たちは隠したり、あきらめたり、互いをなぐさめたりすることで堪え忍ぶのではなく、差別の理不尽に対して声をあげようと決意しました。

　悪いのは私たちではありません。差別の原因は私たちの側にあるのではなく、社会のあり方にあるのです。私たちはその変革を求めます。そしてその第一歩が、差別は社会的に許されないことであり、差別の禁止は社会のルールであることを明示した、差別禁止法の制定であると考えます。

　ぜひ本書をお読みいただき、私たちと一緒に、差別のない誰もがともに暮らしやすい社会づくりへむけて、差別禁止法を制定する取り組みをすすめませんか。

谷川　雅彦
（一般社団法人部落解放・人権研究所 代表理事）

目　次

はじめに―差別のない社会の実現をめざして　　　谷川雅彦 ………… *1*

第1部　　包括的差別禁止法はなぜ必要なのか

差別禁止法案の作成にあたって　　内田博文 ……………………… *6*

第2部　　差別禁止法を求める当事者の声・各界からの声

障害者問題	佐藤　聡 ………………… *22*
ハンセン病問題	原田惠子／加藤めぐみ ……… *28*
自死（遺族）問題	明　英彦 ………………… *35*
LGBT問題	西山　朗 ………………… *44*
外国人問題	文　公輝 ………………… *50*
HIV問題	加藤力也 ………………… *56*
見た目問題	外川浩子 ………………… *63*
部落問題	谷川雅彦 ………………… *70*
アイヌ問題	多原良子 ………………… *77*
水俣病問題	田尻雅美 ………………… *83*
女性差別	林　陽子 ………………… *90*

インターネット上の差別情報の法規制と包括法　　内田博文 ……………… *96*

司法の現場からの声

日弁連の人権擁護活動に取り組んでいる弁護士の立場から　藤原精吾‥*99*

メディアの現場からの声

差別禁止法の制定を求める声を報じて　北野隆一 ………………… *102*

3

宗教者からの声

包括的「差別禁止法」の必要性とは　戸田光隆 ……………………… 105

企業からの声

企業経営の視点から「包括的差別禁止法」を考える　服部雅幸 …… 107

地方自治体の議員からの声

条例を活かし続ける！ソーシャル・インクルージョンのまちづくり
〜国立市人権平和基本条例施行５年半の成果と課題〜　　上村和子 ·· 110

第3部　「すべての人の無差別平等の実現に関する法律(案)」とは

差別禁止法Q＆A

Q 1　どのような発言や行為が、差別になるのですか？……………………… 118

Q 2　何が差別にあたるのかということを誰がどのように判断するのですか？ …………… 119

Q 3　自由な意見が言えなくなったり、表現の自由が奪われないでしょうか？ ………… 119

Q 4　差別は禁止するのではなく、教育や啓発でなくしていくべきではないでしょうか？·· 120

Q 5　個別の差別禁止法を積み重ねていけばよくて、
　　　包括的な禁止法はいらないのではないでしょうか？…………………… 120

Q 6　マイノリティの中にも差別禁止法に反対している人もいますが？ ……………… 121

Q 7　人権は対立する場合が多く、人権が対立した場合どうすればよいでしょうか？…… 122

Q 8　人権に対する忌避感が強まっているのはどうしてでしょうか？ …………… 122

Q 9　差別だと判断されたらどのような罰則を受けるのですか？ ………………… 123

Q10　学校教育や人権相談はどのように変わるのでしょうか？ ………………… 124

Q11　差別を受けた場合、具体的にどのような救済や支援をしてもらえるのですか？ …… 124

Q12　どうすれば包括的な差別禁止法を制定することができるのでしょうか？ ………… 125

Q13　日本では国内人権機関が設置されていませんが、世界の状況はどうでしょうか？ ·· 126

「すべての人の無差別平等の実現に関する法律（案）」の特徴 ………… 127

すべての人の無差別平等の実現に関する法律（案） ……………………… 133

【資料】世界における差別禁止法の制定状況（2022年）……………………… 186

執筆者一覧／初出一覧 ……………………………………………… 188

第1部

包括的差別禁止法は
なぜ必要なのか

差別禁止法案の作成にあたって

内田 博文
（「差別禁止法研究会」代表／九州大学名誉教授）

1 包括的差別禁止法の必要性

(1) 個別法による手当のない領域では水掛け論の横行

　一般社団法人部落解放・人権研究所内に2013年9月に設置された「差別禁止法研究会」では、マイノリティ差別の問題として、「セクシュアル・マイノリティ」「外国人」「アイヌ」「被差別部落」「見た目」「自死遺族」「ハンセン病」「水俣病」「HIV」「障害者」などの問題を取り上げてきた。これらの問題のうち、差別解消法があるのは、現時点では「被差別部落」と「障害者」「外国人」にとどまる。

　「らい予防法」を違憲と断じた2001年5月11日の熊本地裁判決を受けて設置されたハンセン病問題検証会議の提言に基づいて2005年3月に設置された再発防止検討会は、検証会議が実施した入所者聞き取りから10数年が経過したことから、2017年、入所者聞き取りを改めて実施するとともに、あわせて退所者聞き取りも実施した。聞き取りに応じた退所者の多くが語るところによると、ハンセン病に対する差別・偏見は、当事者などによる活発な啓発活動などにもかかわらず、現在も2001年の地裁判決以前とそれほど変わっておらず、そのために今後は療養所に再入所することを検討せざるを得ない状況にあるということであった。

　国及び自治体が差別・偏見の解消のための事業を曲がりなりにも実施しているハンセン病の場合でも、このような状況である。実施していない分野ではいかがであろうか。

法が制定され、差別が「違法」であることが明確に謳われている分野では、まだしも水掛け論は減少の傾向にある。しかし、そうでない分野では、いまだ水掛け論が横行している。被害者が「それは差別だ」と訴えても、加害者は「それは差別ではない」と否定する。このような議論が繰り返されている。マイノリティ問題の場合、被害者は圧倒的に少数である。加害者の方が多数を占めるために、被害者の声はかき消されがちである。この水掛け論に終止符を打つためにも包括的な差別禁止法が必要だということになる。

(2)明らかにされた差別は氷山の一角

　差別という厚い社会の壁に阻まれて、被害者は、その被った差別被害がより深刻なものであればあるほど、それを語ることが困難だという状況に追いやられている。カミングアウトした人に対する社会的なバッシングは、この困難さを倍加させている。より深刻な差別被害の方が可視化されにくいという状況が生まれている。差別被害を可視化できず、被害救済できないという矛盾が生じている。

　可視化できた差別被害は氷山の一角でしかない。水面下の差別被害を可視化するためには、「語れる」ようにするための当事者に対するきめの細かいメンタルケアに加えて、差別禁止法を制定し、社会的なバッシングを制度的に抑えることが課題となる。すべての差別について差別被害を氷山の一角にしないためにも包括的な差別禁止法が必要ということになる。

(3)救済や組織などについては個別法でも未整備

　差別解消3法（障害者差別解消法、ヘイトスピーチ解消法、部落差別解消推進法）では、差別を解消するための教育啓発の実施、必要な相談体制の整備が施策の柱とされている。実態調査についても、障害者差別解消法第16条は、「国は、障害を理由とする差別を解消するための取組に資するよう、国内外における障害を理由とする差別及びその解消のための取組に

関する情報の収集、整理及び提供を行うものとする」と規定している。また、部落差別解消推進法第6条は、「国は、部落差別の解消に関する施策の実施に資するため、地方公共団体の協力を得て、部落差別の実態に係る調査を行うものとする」と規定している。

しかし、名誉や権利の回復、そのための組織などについては、差別解消3法でも規定するところはない。人権擁護法案に見られたような新たな「救済」手続についての規定、あるいは人権委員会の設置に関する規定は見当たらない。障害者差別解消法も、その第14条で、「国及び地方公共団体は、障害者及びその家族その他の関係者からの障害を理由とする差別に関する相談に的確に応ずるとともに、障害を理由とする差別に関する紛争の防止又は解決を図ることができるよう必要な体制の整備を図るものとする」と規定するにとどまる。

「基本方針」の策定については、障害者差別解消法には規定がある。第6条は、「政府は、障害を理由とする差別の解消の推進に関する施策を総合的かつ一体的に実施するため、障害を理由とする差別の解消の推進に関する基本方針（以下「基本方針」という。）を定めなければならない」と規定している。しかし、ヘイトスピーチ解消法や部落差別解消推進法では規定が見られず、国の行政裁量に委ねられている。

これらの整備を図るためにも包括的な差別禁止法が必要だということになる。

(4)狭い「差別」理解

刑法では、解釈運用上、法益という観点から、犯罪は「個人的法益に対する罪」、「社会的法益に対する罪」、「国家的法益に対する罪」に分類されている。この法益概念を援用すると、「個人的法益」にとどまらず、「社会的法益」を著しく侵害するところに差別と「差別被害」の特徴がある。

ドイツ刑法第130条は、民衆煽動罪を規定している。過去、ナチスが民主主義的手段によって全権掌握を果たしたことを反省し、「戦う民主主義」

を理念の一つとしてきた。その流れの中で民主主義の否定やヘイトスピーチと認められる言動に対して、ドイツ人・非ドイツ人問わず、刑事罰を課すというのがこの民衆扇動罪である。公共危険犯として最長5年の禁固に科せられる。

　しかし、日本の裁判所は、私人間の民事訴訟の場合、差別被害というと「個人に対する具体的な損害（名誉棄損やプライバシー侵害など）」ととらえており、「一定の集団に属する者の全体に対する被害」という概念を認めていない。「全国部落調査」復刻出版事件判決について、東京地裁民事第12部は、2021年9月27日、次のように判示した。

　「原告らの主張する権利（差別されない権利―引用者）の内実は不明確であって、プライバシーの権利が侵害されている場合を超えてどのような場合に原告ら主張の権利が侵害されているのか、また、当該権利のみが侵害された場合に司法上どのような効果が生ずるのかについては、判然としないと言わざるを得ない。したがって、原告らの主張は採用できない。」

　「本件地域一覧の公開によって結果として原告解放同盟の活動成果が減殺されるとしても、そのことから直ちに原告解放同盟に対する違法な権利利益の侵害ないしそのおそれがあったとはいえない。」

　「したがって、原告解放同盟の上記主張（業務を円滑に行う権利の侵害―引用者）には理由がない。」

　行政も、このような司法の狭い理解に概ね従っている。しかし、このような理解で「差別」と「差別被害」の本質を正しくとらえられるかというと、大いに疑問である。

　このような実態を無視した、狭い「差別」理解を変更するというのも包括的な差別禁止法を制定する理由ということになる。

(5)繰り返される国連勧告

　国連人種差別撤廃委員会の「日本の第10回・第11回定期報告に関する総括所見」は2018年8月に配布された。「懸念事項及び勧告」は43項目にも及んでいる。人種差別を禁止する特別かつ包括的な法の欠如についても、次のように勧告されている。

　「8．委員会は、締約国が、人種差別の定義を、本条約第1条第1項に沿ったものとするよう確保し、民族的又は種族的出身、皮膚の色及び世系に基づくものを含むものとするべきとの過去の勧告を強調する。また、委員会は、締約国が、本条約第1条及び第2条に沿った直接的及び間接的な人種差別を禁止する個別の包括的な法律を制定することを要請する。」

　国内人権機構の設置についても、2018年総括所見で引き続き、次のように勧告されている。

　「9．委員会は、締約国がパリ原則に完全に従った国内人権機構を未だ設置していないことを懸念する。これに関連して、委員会は、人権委員会設置法案の審査が、衆議院の解散に伴い2012年に打ち切られたこと、及び国内人権機構を設置するための進展が、非常に遅いことに留意する（第2条）。条約の実施を促進するための国内人権機構の設置に関する一般的勧告17（1994年）に留意し、委員会は、締約国に対し、人権委員会設置法案の検討を速やかに再開し、適切な人的及び財政的資源並びに人種差別の申立てに対処するための権限を与えつつ、パリ原則（国連総会決議48/134）に完全に従って、独立した国内人権機構の設置の観点からその採用を推進することを勧告する。」

　このように包括的な差別禁止法の制定は、国内人権機構の設置と並んで、国際的な要請でもある。

(6)表現の自由との関係

　問題は、憲法の保障する表現の自由との関係である。大阪市のヘイトスピーチ規制条例が表現の自由を保障する憲法に反するとして提起された訴訟で、最高裁は、2022年2月15日、裁判官5人の全員一致した意見で、「人種や民族などへの差別を誘発するような表現活動は抑止する必要性が高い」「条例で制限される表現活動は、過激で悪質性の高い差別的言動を伴うものに限られており、表現の自由の制限は必要やむをえない限度にとどまる」として、憲法に違反しないと判断した。

　朝日新聞の2022年2月18日の社説も、この判決を評価し、「ヘイトスピーチは許されないという司法が示した明確な見解を踏まえ、根絶への取り組みを推し進めなければならない」と説いている。インターネット上で沖縄県民へのヘイトスピーチや差別的発言が相次いでいることから、沖縄タイムズの阿部岳編集委員も、2022年2月23日の西日本新聞朝刊で、「実効性ある法規制が必要だ」と指摘している。

2　包括的な差別禁止法の意義

(1)車の両輪

　個別の差別禁止法の法制化を積み重ねていけば、差別問題を解決できるのではないか。このような意見があるかもしれない。確かに、個々のマイノリティ差別に特有の問題については、個別の差別禁止法で対応するということが重要となる。個別の差別禁止法の役割は大きなものがある。

　しかし、だからといって、包括的な差別禁止法がいらないということにはならない。例えば、あるマイノリティ差別が別のマイノリティ差別につながっていくといった「差別の連鎖」の問題、あるいは、あるマイノリティ差別と別のマイノリティ差別が複合的に存在するといった「複合差別」の問題については、個別の差別禁止法では対応が難しいからである。

　イギリスでは、2010年に包括的な差別禁止法である「平等法」が制定

された。平等法は、既存の9つの差別禁止法を整理・統合した法律であり、年齢、障害、性適合、婚姻及び市民的パートナーシップ（同性婚）、人種、宗教・信条、性別、性的指向を理由とする差別を禁止している。「複合差別」についても禁止条項が置かれているが、この「複合差別」禁止規定の明文化は、2010年平等法のような包括的差別禁止法の制定によって可能になったものである。

マイノリティ差別の取り組みにおいて、どのマイノリティ差別かによって「格差」、制度のデコボコがあるとすると、当事者間に「対立」「分断」が持ち込まれかねず、そのことによって、全体的な取り組みの前進が遅れるといった問題も生じ得る。これを防ぐというのも、包括的な差別禁止法を法制化する意義ということになる。

あるマイノリティ差別については「被害者」の側だが、別のマイノリティ差別については「加害者」の側だということも少なくない。差別の防止、被害者救済を図る上で必須の当事者参加に当たっては、この点に留意することが欠かせないが、この点も、包括的な差別禁止法の規律対象となる。

各マノリティ差別の問題に共通の事項については、共通のルールが必要となる、この共通の事項について規定するのが包括的な差別禁止法ということになる。その意味で、個別の差別禁止法と包括的な差別禁止法とは、いわば「車の両輪」の関係に立つ。

包括的な差別禁止法で置くべき規定としては、①差別の定義に係る規定、②差別の禁止に係る規定、③国・自治体の責任・責務に係る規定、④国会・裁判所の責任・責務に係る規定、⑤民間企業等の責任・責務に係る規定、⑥国民の責任・責務に係る規定、⑦被害実態調査に係る規定、⑧同調査に基づく定義等の見直しに係る規定、⑨相談窓口に係る規定、⑩人権教育啓発に係る規定、⑪救済機関に係る規定、⑫自治体条例の役割に関する規定、⑬当事者参加の保障に係る規定、⑭個別の差別禁止法との関係に係る規定、等が考えられる。

これらは、マイノリティ差別の防止及び被害者の名誉・権利回復、再発

防止などにとって「共通のルール」というべきもので、個々の差別禁止法で規定するというよりは、包括的な差別禁止法で規定する方が適当と考えられる。個々の差別禁止法における規定に、仮にずれがあるとすると混乱を生じかねさせず、他方、個々の差別禁止法における規定がほとんど同じものだとすると、包括的な差別禁止法に委ねる方が法技術的にも勝っているといえるからである。

法案の名称は、「すべての人の無差別平等の実現に関する法律（案）」とさせていただいた。すべての人に関わる法律だということをより分かっていただくためである。

(2) 差別禁止の実効性の担保

近時の差別禁止法では、人権教育啓発の充実、人権相談の充実、被害実態調査の実施が、施策の3本柱とされている。この点も「共通のルール」化し、包括的な差別禁止法の規定に委ねることの方がより妥当ということになろう。

しかし、包括的な差別禁止法においてこの人権教育啓発、人権相談の充実、被害実態調査の実施について規定する意義は「共通のルール」化だけにとどまらない。障害者差別解消法、ヘイトスピーチ解消法、部落差別解消推進法では、教育啓発および相談体制の充実について、いずれも明文規定が置かれている。しかし、これも、既存のシステムを活用した充実ということになっている。

それでは、既存のシステムとはどのようなものだろうか。この点、国の『令和3年版人権教育・啓発白書』をみると、令和2年度に講じた人権教育に関する施策のうち、「差別」解消への取り組みについて掲げられるところは、「地方公共団体の社会教育担当者等を集めた各種会議等の機会を通じ、『本邦外出身者に対する不当な差別的言動の解消に向けた取組の推進に関する法律』、『部落差別の解消の推進に関する法律』等に関する法の趣旨や性的指向・性自認（性同一性）、ハンセン病に対する偏見や差別の解消のため

の適切な教育の実施に関する周知等を図り、各地域の実情に即した人権教育が推進されるよう促している」という点だけである。このようなシステムだけで深刻な差別を撲滅するための実効的な人権教育を実施できるかというと、できないことは明らかであろう。新しいシステムの構築が必要といえるが、白書でこの点について触れられているところはない。

　それは人権相談の充実についても同様である。差別解消３法も、相談体制の充実を謳うだけで、人権相談の基本計画と推進計画、人権相談の意義ないし目的、国及び自治体の責務、人権相談の運営、人権相談の開設場所、人権相談の方法（面談、電話、SNS、その他）、人権相談の担い手とその養成、守秘義務と相談データの人権施策等への活用、財政措置などについて規定するところはないからである。

　人権教育啓発、人権相談の改革を実現するというのも包括的な差別禁止法の意義ということになる。

(3) 循環サイクルの実現

　ヘイトスピーチ解消法及び部落差別解消推進法では、被害実態調査の実施についても規定が置かれている。しかし、「実態に係る調査」による「立法事実」の発見、それによる法の見直しといった「循環サイクル」については、特別に規定するところはない。

　人権は進化し続けている。静態的な差別禁止法ではこの進化に対応できないし、国際水準に近づけていくこともできない。差別の定義、差別の禁止についても、静態的ではなく、動態的な規定方法が採用されなければならない。人権の進歩に応じて、何が「差別」か、何が「差別被害」かを絶えず見直し、この見直しを法規定に反映させるシステムが盛り込まれなければならない。そうでないと、およそ不可能に近い作業を法制定に当たって要求し、その実現が難しいということを理由に法制定の断念を迫るというようなことも起こりかねない。相談、実態調査は「循環サイクル」の鍵となるが、現状はその機能を十分に果たしているとはいえない。

もっとも、ヘイトスピーチ解消法の附則では、「不当な差別的言動に係る取組については、この法律の施行後における本邦外出身者に対する不当な差別的言動の実態等を勘案し、必要に応じ、検討が加えられるものとする。」と定められている。障害者差別解消法でも附則第7条で、「政府は、この法律の施行後３年を経過した場合において、第８条第２項に規定する社会的障壁の除去の実施についての必要かつ合理的な配慮の在り方その他この法律の施行の状況について検討を加え、必要があると認めるときは、その結果に応じて所要の見直しを行うものとする。」と定められている。

　しかし、部落差別解消推進法では、このような附則は置かれていない。法改正では、この点も問題となるが、動態的な規定方法の導入は、個別法だけではなく、包括法でも問題となる。包括法の場合、その必要性はより強いものがある。たとえば、インターネットの普及に伴ってインターネットを悪用した差別事象が急増しているが、このように各マイノリティ差別に共通の問題が新たに出現するからである。

(4)当事者主権の確保

　21世紀の人権は「当事者による当事者のための当事者の人権」だと説かれている。この点、障害者差別解消法の第6条第4項では、「内閣総理大臣は、基本方針の案を作成しようとするときは、あらかじめ、障害者その他の関係者の意見を反映させるために必要な措置を講ずるとともに、障害者政策委員会の意見を聴かなければならない。」と規定されている。しかし、そのような類の規定は、部落差別解消推進法やヘイトスピーチ解消法では認められない。法改正して規定を置く必要があるが、個別法で謳うだけでなく、包括法でも謳う必要がある。そうでないと、個別法のない分野では、当事者主権ないし当事者参加の確保に根拠法がないということになり、当事者主権、当事者参加を確保するかどうかは国や自治体の行政裁量に委ねられることになるからである。

　包括法では、当事者参加について、その理念、意義等に係る総論的な規

定を置く。その規定の中で、当事者参加を欠く場合、被害当事者を「権利の主体」ではなく、「保護の客体」とし、新たな「差別被害」を引き起こした歴史などに鑑み、当事者参加が必須である旨を明記する。当事者参加の方法については、当事者団体等と協議し、その協議に基づいて実現していくことを明記する。審議会の設置についても必要な規定を置く。こういったことが検討されることになろう。すべてのマイノリティ差別の問題について、当事者主権、当事者参加を大きく前進させる。この点も包括法の意義ということになろう。

（5）自治体条例を担保

　個別の差別禁止条例にとどまらず、包括的な差別禁止条例の制定に動く自治体も出始めている。「堺市平和と人権を尊重するまちづくり条例」（平成18年12月22日堺市条例第77号）はその先駆ともいうべきもので、「川崎市差別のない人権尊重のまちづくり条例」（令和元年川崎市条例第35号）も制定されている。

　東京都国立市でも、「国立市人権を尊重し多様性を認め合う平和なまち基本条例」が2018年12月21日に議会で可決成立し、2019年4月1日から施行された。さまざまな差別を包括的に禁止する人権条例で、同市によると、包括的に差別を禁止する条例は都内の自治体では初ではないかとされている。「何人も、人種、民族、国籍、性別、性自認、障害、職業、被差別部落出身などを理由に差別を行ってはならない」と明記したうえで、心身への暴力も禁じ、「いかなる暴力も行ってはならない」としている。また、市長の使命や市民の責務に加えて、事業者に対しても「不当な差別の解消に努めるものとする」と努力義務を課している。条例には罰則規定は設けられていないが、差別解消を推進するため、市長の付属機関として「人権・平和のまちづくり審議会」を設置し、審議会が基本方針や推進計画、人権救済措置について調査・審議し、答申することが盛り込まれた。

　その意義は特筆すべきものがある。各地域の実情に応じた条例作りは大

いに歓迎すべきところである。差別の解消に果たすべき役割も大きなものがある。

　しかし、差別に県境はない。にもかかわらず、自治体の対応に「格差」があると、この「格差」につけ込んで差別が温存され、再生産されるといった事態も生じかねない。条例と国の法律とは「二者択一」ではなく「車の両輪」の関係にある。

　包括的な差別禁止法の制定に当たっては、この「車の両輪」をどう規定するか。包括法と自治体条例との関係、連携の在り方についても必要な規定を置くことが問題となろう。その際、ポイントとなるのが条例による上乗せ、横出しを認めるか否かである。上乗せ、横出しを認めることによって、地域の実情に応じたよりきめの細かい施策を担保することも包括法の意義ということになる。

3　今後の課題・展望など

(1)必要性と意義の周知徹底

　包括的な差別禁止法の制定に向けた課題は少なくない。マイノリティ差別の場合、マジョリティは、意識するか否かに関わらず、加害者側に回る可能性が強い。法制定に当たっては、このマジョリティの理解と協力も欠かせない。議員立法による法制定という場合には、国会議員の間で理解者を広げ、推進者を生み出していかなければならない。勉強会の設置と勉強会用の平易な解説教材も必要となろう。

　この解説教材で何よりもポイントとなるのは、立法事実の存在である。抽象的で理論的な必要性だけでは人々を動かすことは容易ではない。包括法の場合、各マイノリティ差別の共通の立法事実ということになる。個別の差別禁止法と包括的な差別禁止法とは二者択一的な関係に立つのではなく、「車の両輪」の関係に立つのだということをいかに説得できるかということもポイントとなる。「車の両輪」という関係は、差別禁止法と

人権救済法との間において、そして自治体条例との関係においても問題となる。両方が相まって初めて差別を解消し、被差別者等の「人間回復」を図ることができるということの理解を広げていかなければならない。

(2)プラットホーム

　法制定の何よりの推進力は、当事者の「人間回復」の訴えとそれを実現する当事者運動である。個々の当事者だけでこの当事者運動を担えるかというと難しい。この点で、当事者団体の果たす役割は極めて大きなものがある。包括法の場合は、数多くの当事者及び当事者団体がこれに関係する。これらの多くの当事者及び当事者団体が集結し、共同行動をとることが法制定には不可欠となる。この共同行動をどう確保するか。

　幸い、差別禁止法研究会では、法制定のための「当事者のつどい」を積み重ねてきている。この集いをさらに充実させていかなければならない。差別禁止法研究会がプラットホームの機能を果たすことができれば幸甚である。

　当事者参加にあたっては、個々の当事者がその個々の体験に基づいて抱かれる個々の「思い」を全体像にまとめ上げる作業が欠かせない。当事者団体が結成されており、この当事者団体が権利回復の長い闘いを蓄積している場合、当事者団体は、闘いの過程で、この作業を担ってきた。しかし、当事者団体が結成されていない場合、結成されていても闘いの歴史が浅い場合、この作業を誰が行うかが問題となる。この点も、包括法の制定にあたっての、あるいは法制定後も課題ということになる。

(3)罰則

　差別禁止の実効性を担保するために、罰則の使用も検討されなければならない。しかし、罰則には副作用の面もある。日本国憲法の謳う罪刑法定主義、明確性原則等が適用されるために、罰則の使用に当たっては、処罰される差別言動を明確に法律で限定することが求められる。そうすると、

「法の網」をかいくぐる差別言動が現れ、それは法的には禁止されておらず、「やってもかまわない」といった主張を逆に生みかねないことなどが、それである。処罰の使用はプラス、マイナスをよく検討したうえで決められなければならない。とすれば、個別の差別禁止法で検討されて然るべきではないか。

　もっとも、これには、個別法のない分野では罰則による担保を欠くことになって、適当ではないという強い批判も想定される。

　罰則の担保は、手続の場面でも問題となる。人権擁護法案では、調査について次のような規定が置かれていた。

　　第44条第1項　人権委員会は、当該人権侵害等に係る事件について必要な調査をするため、次に掲げる処分をすることができる。
　　一　事件の関係者に出頭を求め、質問すること。
　　二　当該人権侵害等に関係のある文書その他の物件の所持人に対し、その提出を求め、又は提出された文書その他の物件を留め置くこと。
　　三　当該人権侵害等が現に行われ、又は行われた疑いがあると認める場所に立ち入り、文書その他の物件を検査し、又は関係者に質問すること。

　そして、実効性を担保するために、正当な理由なく、上記の規定に違反して、「出頭せず、又は陳述をしなかった者」「文書その他の物件を提出しなかった者」「立入検査を拒み、妨げ、又は忌避した者」は30万円以下の過料に処するとされていた。

　神奈川県川崎市でも、ヘイトスピーチに刑事罰を科す、全国で初の条例が2019年12月に制定されている。罰則の対象となる行為を厳格に絞り込んだうえで、罰則対象となる行為をした団体が再び同様の行為をしようとしたときは、市長は中止を勧告する。勧告に違反した団体が再び行為に及びそうなときは、市長は中止を命令する。命令に違反すると、市長は、氏

名などを公表し、捜査当局に告発する。起訴され、刑事裁判で有罪が確定したときに罰金が科される。市長は、勧告、命令、告発の各段階で、有識者でつくる「差別防止対策審査会」に意見を聴く。このような仕組みである。

　包括法においては、このような規定の挿入も検討課題とされよう。罰則については、実体、手続の両面について更に検討を深めていくことになろう。

(4)国際基準の達成

　包括的な差別禁止法では、パリ原則に基づく国内人権機関の設置が柱の一つとされている。世界各地の国内人権機関をメンバーとし、各国内人権機関がパリ原則に適合しているかどうかを判断する認証委員会を設置している「国内人権機関世界連合」（GANHRI）によると、2021年1月現在、GANHRIのメンバーは117機関で、そのうち、A認定（完全にパリ原則に適合）は84機関、B認定（部分的にパリ原則に適合）は33機関とされる。パリ原則に基づく国内人権機関を設置するだけではなく、A認定を受けるような国内人権機関にしていくことも課題となろう。

　包括的な差別禁止法を制定しても、必要な「人」「物」「お金」の裏付けがないと、実効的な運用を確保することが困難だというような事態も生じかねない。この「人」「物」「お金」をどう確保するかということも課題となろう。

（うちだ・ひろふみ）

第2部

差別禁止法を求める
当事者の声・各界からの声

障害者問題

佐藤 聡
(NPO法人DPI日本会議 事務局長)

1 障害者問題とは？

障害者問題とは、障害者を取り巻く社会問題のことで、障害者に対する差別、偏見、慣習、社会システムや社会の環境等の問題がある。ポイントは障害をどう捉えるか、ということだ。障害者権利条約（以下、権利条約）や障害者基本法では、障害の社会モデルという考え方に立っている。従来は個人モデル（医療モデル）と呼ばれる考え方で、例えば、足が動かないという機能障害がある人が、階段しかない建物で2階に行けない場合は、原因は歩けない個人にあるという捉え方だった。しかし、社会モデルの考え方は、エレベーターやスロープが設置されれば歩けない人も2階に上がれるようになり、2階に上がれないという障害はなくなる。階段という社会的障壁が障害だという考え方だ。障害は個人にあるのではなく、社会の環境にあるのだから、社会的障壁を取り除くことが社会全体に求められる。変わるべきは個人ではなく、社会だという考え方だ。

2 具体的な差別の現状と実態

障害者差別解消法（以下 解消法）では、障害に基づく差別の定義は、不当な差別的取り扱いと合理的配慮の不提供の2類型ある。不当な差別的取り扱いとは、障害を理由として、財・サービスや各種機会の提供を拒否する、場所・時間帯などを制限する、障害者でない者に対しては付さない条件を付する、こととしている。さらに、2024年4月から施行された改正障害者差別解消法では、不当な差別的取り扱いに「関連差別」が加わった。関連差別とは、障害に関連すること（たとえば車椅子、補助犬）を理由と

して差別することである。

　合理的配慮の不提供は、障害者特有の差別である。建物や社会のルール等は健常者だけを考えて作られてきたため、障害者は使えないものが多く、それを使えるようにするためにやることが合理的配慮の提供だ。以前は「特別扱いしない」とよく言われた。体育館の入口に3段の段差があるが、車椅子だからといって特別扱いはしないのでスロープはつけない、と言うのだ。そもそも、健常者は絶壁（健常者にとっての社会的障壁）を上がれないから階段という垂直移動の設備を設けて上がれるように環境整備をしているのに、車椅子ユーザーが上がるために必要なスロープ等の環境整備をしないことは、特別扱いでもなんでもなく、人権の格差だ。

　権利条約第2条では「合理的配慮とは、障害者が他の者との平等を基礎として全ての人権及び基本的自由を享有し、又は行使することを確保するための必要かつ適当な変更及び調整であって、特定の場合において必要とされるものであり、かつ、均衡を失した又は過度の負担を課さないものをいう」としている。合理的配慮は障害や個人によって様々だが、例えば、以下のようなことが考えられる。

・階段しかないお店で車椅子ユーザーが2階に行きたい場合、車椅子を持ち上げて2階に行くか、買いたい商品を店員が代わりに持ってくる。
・満員電車に乗るのが難しい人は、ラッシュ時を避けて通勤できるよう勤務時間を変更する。
・プリントした紙では読めない人には、テキストデータや点字資料を提供する。
・知的障害等で理解が難しい人には、わかりやすい表現でゆっくり説明したり、写真や実物、コミュニケーションボード等を使ったりして説明する。

　解消法では障害に基づく差別の定義は2類型だが、権利条約では、間接差別、ハラスメント、交差差別、複合差別も障害者差別と定義している。

筆者の所属するDPI日本会議では、定期的に障害に基づく差別事例を収集している。ここではその中の一部を紹介したい。

①不当な差別的取り扱い（直接差別）

・（入店拒否）カフェに電動車いすの友人と行った際、最初は満席と断られ、席が空くまで待ちますと伝えたが、店内が狭いから、テーブルの高さが車いすに合わないから、他のお客さんがいて危ないから等様々な理由で店内にすら入れてくれなかった。（2022年東京都）

・（入居拒否）「障害者には部屋は貸せない」「精神障がいの人は何をするか分からないから怖いよ」と言われ、物件も見せてもらえずに断られた。（2023年岩手県）

・（入園拒否）面接の時に、園児も多いですからコミュニケーションが取れない児童が居ると面倒見きれませんと言われ、幼稚園を落とされた。（2019年神奈川県）

・（入学拒否）中学校進学の時、「通うのはいいけど何も支援しない」と言われて、不信感が募り特別支援学校に入学した。しかし、地域の中学校で学びたいという気持ちから地域の中学校への転校を希望したが、教育委員会から「前例がない」「障害の状態が治ったわけでもないのに地域の学校に転校することはおかしい」ということを理由に転校はできないと言われた。（2015 ～ 17年九州地方）

②不当な差別的取り扱い（関連差別）

・（入店拒否）店内はガラガラだったので「車いすで入店は大丈夫ですか？」と店員に尋ねたところ「店長に確認します」と一度扉を閉められた。数秒後「車椅子での入店は他のお客様の迷惑になるのでお断りします」と言われた。（2019年香川県）

・（宿泊拒否）旅行代理店の窓口で旅行商品を相談し、担当者が念のため盲導犬同伴の受け入れについて確認したところ、希望する宿泊先3か所すべてが「旅館で畳である」ことを理由に宿泊を拒否した。

・（入居拒否）車いす利用者が内覧を申し込んだ際に「先に契約者が決まっ

たため案内できない」と断られた。しかしその後数日たっても該当物件は空室のまま掲載され続けていた。車いすであることを伏せて別名義で再度内覧申込すると「空室で案内可能」と返答が来た。事業者は車いすを理由に断ることが差別であると認識しており、虚偽の理由を作り、障害者への紹介を行っていない。（2019年東京都）

③合理的配慮の不提供

・区民プールをよく利用していたが、更衣室の備え付けの椅子が突然変わり使用出来なくなった。パイプ椅子でいいので提供してほしいと頼んだが、事故が起きる恐れがあるので提供できないと問答無用で断られた。（2017年大阪府）

・耳が聞こえないためコンサートのMCでは言っていることが全く分からない。アメリカや韓国のように手話通訳を導入してほしいと主催者に依頼をしたが、「できない」の回答のみで、具体的な理由の説明もなく一方的に拒否された。（2022年聴覚障害）

・セルフのガソリンスタンドで、今までは店員が給油を手伝ってくれたが、店長が変わり、手伝いの結果何かあれば責任が取れないと拒否されるようになった。差別解消法の合理的配慮のことや経産省の対応指針に合理的配慮の具体例として「セルフサービスのガソリンスタンドにおいて、要望があった場合には、安全に配慮しつつ給油に協力する。」と書かれていることを伝えても「それは努力義務だからしなくていい」と言われた。

④ハラスメント

・上司に発達障害であることをカミングアウトしたところ、退職勧告をなされた。また男性社員からパワハラを受けていることも告発したが「貴方は発達障害者だからパワハラされるのも仕方がない」と取り合ってくれなかった。（2022年京都府）

3　差別解消法をめぐる動向

世界で初めて障害に基づく差別を禁止した法律は、1990年に制定され

たアメリカのADAである。その後、各国で差別禁止法が制定され、2006年には障害者権利条約が策定された。権利条約は、社会モデルの考え方を導入し、障害に基づく差別を禁止し、障害の有無によって分け隔てられることのないインクルーシブな社会を求めており、2024年9月現在で191カ国が批准している。

○障害者差別解消法

　日本は2013年に障害者差別解消法を策定し（雇用分野の差別については障害者雇用促進法）、2014年に障害者権利条約を批准した。解消法は2016年から施行されたが、合理的配慮の提供は公的機関のみが義務で、民間事業者は努力義務に留まっていた。この努力義務は、努力する義務はあるが、実施しなくても違法にはならないという中途半端なもので、当初から改善が求められていた。DPIでは解消法施行後もどのような差別が起きているのか運用実態を把握するために定期的に差別事例を収集し、事例に基づいて改正を働きかけてきた。2021年には最初の法改正が行われ、民間事業者の合理的配慮の提供義務化、相談体制の拡充、事例の収集・整理・提供が新たに盛り込まれた。

　相談窓口は各中央省庁に設けられているのだが、どの省庁が担当かわからない、いわゆる「相談の迷子問題」が発生していた。担当省庁の窓口に辿り着けないために、差別事例が改善されないのだ。また、地方公共団体や事業者からも相談できる窓口の設置を求める声があり、2023年10月から内閣府に障害者差別に関する相談窓口「つなぐ窓口」が設置された。2024年3月末までに1163件の相談が寄せられており、当初は月に100件程度の相談だったが、年度末からは毎月300件くらいの相談が続いているということだ。

　法改正に伴い、法の下の基準見直しも進められ、2023年には内閣府で基本方針が、中央省庁でも対応要領・対応指針が改定された。DPIでは、省庁ごとに差別事例に基づいて改善を働きかけ、多くの提案が盛り込まれた。

○国連障害者権利委員会による建設的対話と総括所見

権利条約を批准すると定期的に国連・障害者権利委員会の審査（建設的対話）を受けて、勧告（総括所見）が日本政府に出される。日本は2022年に1回目の建設的対話が行われ、障害者団体を中心に100名を超える傍聴団が審査を見守った。なお、傍聴者100名はこれまでの建設的対話を行った国では過去最高とのことである。

10月には権利委員会から日本政府に総括所見（肯定的側面17、勧告93）が出された。日本の取り組みを高く評価するとともに、多くの課題を的確に指摘している。今後は総括所見の勧告の改善に取り組むことがテーマとなる。残念ながら文科大臣や厚労大臣は「総括所見には法的拘束力はない」と発言するなど、政府は消極的で、現在までは小幅な改善にとどまっている。

4　まとめ

障害者を取り巻く社会問題はこの30年間で大きく改善された。2000年に交通バリアフリー法が策定され、それまで公共交通機関はほとんどバリアフリー整備が無かったのが、今では都市部では94％もの駅でエレベーター設置等の整備がされている。車椅子ではどこにも行けなかった街が今ではどこでも行けるようになり、まるで違う国にいるようだ。さらに、ヘルパー制度も拡充し、24時間介助が必要な重度障害者も地域で自立した生活を送れるようになった。2016年からは障害者差別解消法が施行され、障害に基づく差別の禁止という考えも広がってきている。これらの進展は国や事業者のご尽力の賜物だが、忘れてならないのは1970年代から始まった障害者当事者の運動だ。障害者が運動することにより法制度が拡充し、日本は大きく進展してきた。誰もが共に生きるインクルーシブな社会を目指し、これからも法制度の運用を監視し、運動を展開していきたい。

（さとう・さとし）

ハンセン病問題

原田 惠子　加藤 めぐみ
（福祉運動・みどりの風）

1　ハンセン病問題とは

　ハンセン病問題とは、国のハンセン病患者に対する隔離政策に起因して生じた問題です。1907年制定の法律第11号「癩予防ニ関スル件」から1931年「癩予防法」、1953年の「らい予防法」と改定し、1996年に廃止されるまで法律による89年間に及んだ国の隔離政策で、ハンセン病元患者、その家族が地域社会において平穏に生活することを妨げられ、医療や福祉、教育、就労など社会生活全般にわたって当然受けることができる権利が奪われてきました。「らい予防法違憲国家賠償請求訴訟判決」（ハンセン病国賠訴訟）で「人生被害」といわれた被害を未だに受けています。

　2001年のハンセン病国賠訴訟における原告側勝訴判決、2019年のハンセン病家族訴訟における原告側勝訴判決といずれも国のハンセン病政策の誤りを認める判決が熊本地方裁判所で出されました。しかし、被害の回復には未解決の問題が多く残されており、「ハンセン病であった者等及び家族が地域社会から孤立することなく良好、かつ平穏な生活を営むための基盤整備」の課題に向けた対策がとられていないことと併せて「偏見・差別の払拭に至っていない」ことがあげられます。国、政府は問題の重大性を認識せずに、被害回復への取り組みはしてきませんでした。

　この「らい予防法」に基づいた隔離政策によって被害を被った人びとの状況の一部を以下にあげます。

(1)療養所入所者

　ハンセン病にかかった人は、前述の「癩（らい）予防法」によって地域

や家族から引き離されハンセン病療養所（以下療養所）に強制的に隔離収容されました。とくに戦前戦後にわたった官民一体の「無らい県運動」（ハンセン病患者が自分たちの村や町に一人もいないことをめざした運動）による住民等の通報などで、保健所の職員や警察官が関わり療養所に入れられ、何十年とそこでの生活を余儀なくされています。住んでいた家は徹底的に消毒をされ、周囲にハンセン病はうつる恐ろしい病気との認識を植え付けました。

療養所は、逃げ出せない人里離れた僻地や山間部、離島に造られています。収容されるとお金は園内通用券（療養所だけで通用するお金）に替えられ、故郷を知られないようにと本名とは違った園名を名乗ることをすすめられ、解剖承諾書に署名させられました。園内では「患者作業」と呼ぶ軽症者が重症者の介護・看護、農作業、火葬場の仕事など療養所運営に必要なあらゆる作業を課せられ、それが原因で手足をさらに悪くして後遺症を残した人も多くいました。

また、入所者どうしの結婚は認められましたが、条件として男性が断種手術を受けること、女性は妊娠すると病状が悪くなる、親から子どもに感染の恐れがあるなどの理由で堕胎されました。非合法下であり、医学的根拠からではありません。療養所では子どもを持つことが許されませんでしたが、それ以上に優生思想による優れた子孫だけを残すといった政策と考えられます。

現在、全国ハンセン病療養所入所者の平均年齢は89歳近く、後遺症のケアや生活習慣病の治療を受けながら療養生活を送っています。

（2）社会復帰者（退所者）、非入所者

療養所からの社会復帰者（退所者ともいう）や非入所の回復者の多くは、社会での厳しい偏見・差別を恐れハンセン病歴を隠して生活しています。結婚しても配偶者には話しているが、子どもには言っていない、配偶者にも話していないという人もいます。病気になり医療機関にかかって、かつ

てハンセン病だったことを言うと医師や看護師からどんな扱いを受けるか、きちんと診てくれるか不安で病院にかかることを恐れて元いた療養所にわざわざ治療に行くと言います。

ハンセン病やハンセン病の後遺症に起因する手足の麻痺や足底穿孔症（うら傷）を知り、理解して治療を行う医療従事者の少なさも退所者たちの生きづらさになっています。

仕事に就く場合もハンセン病歴がばれるのを恐れて履歴書のいらない会社や先に社会復帰している仲間の紹介で勤めたり、職場の人たちとは仲良くならないようにと会社の懇親会などは参加せず、昼休みも一人で過ごしたと言います。

退所者や非入所者の平均年齢も80歳を超えて高齢になり、1人暮らしの人は日常生活が困難になっても偏見・差別の不安から介護認定を受けることや施設入所をためらい、努力して生活基盤を築いてきたが、療養所に再入所する状況になっている人もいます。

(3) ハンセン病家族

家族は、肉親がハンセン病にかかり療養所に入れられたことで「偏見・差別の中で生きてきた、遠足の時も一緒にお弁当を食べてくれる友もおらず、遠足が嫌いだった」と話します。学校生活は楽しい場のはずですが、クラスでの冷たい視線だけが残り、孤立してひっそりと生きてきたのです。

また、父親がハンセン病になって療養所に入ったあと、すぐ保健所が来て家中、外の溝まで消毒され、周囲からの差別の目にいたたまれず母親と家を離れざるを得なくなり、苦難の道を歩み「父ちゃんのせいで……」と父を憎んだり、恨んだりしたと言います。父からは「父ちゃんのことは絶対世間に知られないようにな」と言われて隠し、家族の分断をきたす被害も経験しています。

ハンセン病元患者の家族であるというだけで、地域住民からの嫌がらせ、学校では教師やクラスの友だちからの差別的言動、冷たい視線、仲間はず

れ、いじめで登校しづらくなった経験をしています。

　ハンセン病元患者の家族も国の隔離政策の被害者であるとして、2016年に国賠訴訟を起こしましたが、568人の原告のほとんどが原告番号で参加し、名前や顔を出した人は数人にすぎません。

（はらだ・けいこ）

2　差別の現状

　ハンセン病元患者とその家族に対する差別の現状について、以下に近年の特徴的な事例をあげます。

(1)『明治三十二年癩患者並血統家系調』流出問題

　2021年2月18日、Yahoo!オークションに、『明治三十二年癩患者並血統家系調　大町警察署』（『明治三十二年調』）と表紙に書かれた簿冊が競売開始価格20万円で出品されました。これを見た人が大変な問題だと気付いて、長年ハンセン病問題に取り組む藤野豊さん（日本近現代史研究者）に連絡し、藤野さんから長野県と信濃毎日新聞社、ＮＰＯ法人「人権センターながの」に連絡し、オークションサイトの当該ページ削除要請を長野県が法務局をとおして実施し、オークションサイトの運営会社によってページは削除されました。簿冊についても人権センターながの、全国ハンセン病療養所入所者協議会、ハンセン病市民学会が出品した古書店に出向き、回収しました。

　この問題は、長野県だけの問題ではなく全国にどのような形でハンセン病に関する公文書等の保管がなされているかという課題を提起しました。国は、全国の地方公共団体に指示し、「ハンセン病に係る公文書の保管状況等調査」を実施しました。今後、保管をどうするかは重要課題です。

　『明治三十二年調』はハンセン病患者の強制隔離をすすめていく上で、患者がどこにいるかを1899（明治32）年に全国調査を実施した時のもので、警察行政の一環でなされています。特に問題なのは、ハンセン病患者だけ

でなく、その家族親族まで調べるという血統調査をしていることです。これが、その後のハンセン病患者の隔離及び断種の強制につながってくることになり、当時の警察がハンセン病という病気をどのような視点で見ていたがよくわかります。

これらの公文書が金儲けになると考え、差別をすることに利用されるかもしれない文書が販売されていたのです。このような行為を止めさせることのできる「差別禁止法」がない中では、今回のように、文書を古書店の買値で買い取ることでしか回収できないのです。

(2)旧優生保護法による断種・堕胎・嬰児殺

旧優生保護法による強制不妊手術の被害者が原告となった裁判が各地で行われ、2024年7月3日には、原告の完全勝訴判決が最高裁大法廷で出されました。「優生保護法」は法律が成立した時から憲法違反であること、「優生思想」は差別であることが判示された画期的な判決でした。2024年10月17日に「旧優生保護法に基づく優生手術等を受けた者等に対する補償金の支給等に関する法律」が公布、2025年1月17日施行。衆議院・参議院の両院では、法律の可決と併せて、「旧優生保護法に基づく優生手術等の被害者に対する謝罪とその被害の回復に関する決議」も可決されました。

ハンセン病療養所では、1915（大正4）年から光田健輔医師が全生病院で非合法下で断種手術を行っていました。国の『ハンセン病問題に関する検証会議　最終報告書』(2005年3月発行）によると、「優生保護法」の下(1948年～1996年）で「ハンセン病を理由とする手術の数は、不妊手術が1551件、人工妊娠中絶手術は7796件でした。非合法下での数を合わせるともっと多くなります。さらに、妊娠している母親から産まれてきた子を嬰児殺したという証言もあります。何十年間も受けた被害を夫婦間でも口にすることすらできなかったという人が多くいます。さらに、ハンセン病療養所における優生保護法施行前に実施されていた非合法のもとでの優生手術は補償の対象にはなりません。補償法が施行されても何人の人が声

を上げることができるのか、大きな課題です。

　現在日本産婦人科学会で進められている新型出生前診断（NIPT）は、全国的に実施医療機関が増え、妊婦の採血によって血液中の胎児のDNAを解析し、胎児に染色体異常がある可能性を調べています。優生思想は差別だと言っても、自身の子が障害や病気を持っている可能性があると産婦人科医に告げられると親は途方にくれ、不安になり、人工妊娠中絶を選択する人も多いのです。

　さらに1996年に「母体保護法」に変わったからといって、障害や病気のある人の出産、育児のサポート体制が整っていなければ、結局、不妊手術を選ばざるを得ない人もおり、「優生思想」は私たちの身近に存在しており、一人ひとりが自身の問題として考え行動することが求められています。

(3)ハンセン病元患者とその家族が病歴を明かせない実態

　2016年に提訴されたハンセン病元患者家族が原告となった裁判も、2019年6月に判決が出て原告が勝訴しました。ハンセン病家族に対して補償金が支給されることになりましたが、約2万4000人を想定した補償金受給者のうち、2024年11月5日現在、約35％しか認定されていません。請求する人が少ないのです。そのため、2024年11月21日が5年間の時限立法の期限でしたが、5年間延長され2029年11月21日までとなりました。なぜ、申請する人が少ないのかというと、ハンセン病元患者が配偶者や自分の子どもにすらハンセン病歴を伝えられない人や、申請をすることによって、家族にハンセン病歴者がいたことがわかると偏見・差別にさらされるのではないかと恐れているからなのです。

　自身が受けた被害実態を一人でも多くの人に知ってもらいたいと集会や研修会で訴えているハンセン病回復者や家族の方もいますが、名前と顔を出して話せる方は多くありません。それはなぜかというと、私たちが暮らす地域社会における差別があるからなのです。家族訴訟の裁判の最中にも

原告の母親がハンセン病だったことが連れ合いの実家にわかり、離婚させられたという事件もありました。また、国が初めて実施した「ハンセン病問題に係る全国的な意識調査」の結果（2024年4月公表）では、「ハンセン病元患者（回復者）の家族とあなたの家族が結婚すること」については21.8％が抵抗を感じると答えていました。「私にとってのハンセン病問題」と考えるとこのような結果がでているのです。これが差別なんだ、このような差別をなくすのだという規範を示すことが人権啓発・教育の大きな課題だといえます。

（かとう・めぐみ）

自死（遺族）問題

明 英彦
（一般社団法人全国自死遺族連絡会）

1 自死（遺族）への差別と偏見

「勝手に死んだ」「心が弱かったから」――。

2006年10月の「自殺対策基本法」施行によって、自死は「個人の問題」から「社会の問題」として認識されるようになりました。第2条第2項で「自殺対策は、自殺が個人的な問題としてのみ捉えられるべきものではなく、その背景に様々な社会的な要因があることを踏まえ、社会的な取組として実施されなければならない。」と定めています。

また、翌2007年6月に閣議決定された第1次「自殺総合対策大綱」では、自死の多くは「追い込まれた末の死」であるとの認識に立ち、基本理念として「誰も自殺に追い込まれることのない社会の実現を目指す」を掲げています。

以来、15年以上が経過しましたが、冒頭に掲げたような自死への偏見はいまだに根強く存在しています。1人の自死に対して5人といわれる自死遺族への偏見や差別も同様です。

自殺対策基本法の第2条第5項で「自殺対策は、保健、医療、福祉、教育、労働その他の関連施策との有機的な連携が図られ、総合的に実施されなければならない。」と掲げられています。

しかし現実には国の法律や制度の中には自死（遺族）や未遂者への差別的な扱いがあり、それにもかかわらず問題を是正する動きは極めて少ないと言わざるを得ません。どのような差別的扱いがあるのか、不動産の「事故物件」問題から述べさせていただきます。

2　具体事例から―「事故物件」として遺族に損害賠償請求

　賃貸物件内で自死が起こった場合、自死した居住者の遺族に対して家主側から多額の損害賠償請求が行われることが数多くあります。「事故物件」になってしまったから安くしないと借り手がつかないとして、数年分の家賃保証をしろと言ってきたり、物件の全面改修費用を請求してくるケースや、「この物件を全部買い取れ」という極端な要求もあります。部屋で未遂して搬送され病院で死亡した場合でも、事故物件として損害賠償請求が行われるケースもあります。

　加えて、家主側が遺族に対して、倫理的に非難することも少なくありません。アパートで一人暮らししていた学生が自死した場合、親に向かって「親の責任だ、謝罪しろ」とか、「ウチの家族がショックを受けたから、慰謝料を払え」と言ってくることもあります。また、不動産業者が葬儀場にまで押しかけて両親に賠償請求し、その後も両親に電話をかけ内容証明の郵便を送りつけてきた例もあります。

　家族の自死に衝撃を受けて悲しみの最中にあり、かつプライバシーの点で極めて困難な立場に置かれている遺族は、早く穏便に済ませようとして、無理をしてでも家主側の言いなりの金額を払うケースが少なくありません。遺族が支払いを拒否すると、家主側は支払いを求める裁判を起こします。損害賠償請求の根拠となるのが、「心理的瑕疵」という概念です。

(1)心理的瑕疵＝気味が悪い

　「心理的瑕疵」とは、民法の売買契約に関する瑕疵担保責任の規定（民法570条）にいう「隠れた瑕疵」に由来する考え方です。

　「瑕疵」とは、物理的な傷のことです。傷は見ればわかります。売買の目的物に何らかの欠陥・不具合があることで、その品質や性能が損なわれている状態を指しています。「隠れた瑕疵」とは、外から見ただけではわからない何らかのマイナス要素のことです。その瑕疵が売買時点において買主にとって発見不可能なものである場合のことで、売主が発見不可能で

も瑕疵担保責任が認められます。

　具体的には、建物の土台部分にシロアリ被害があった、壁の内部配管に亀裂があった、土壌が汚染されていたなどというものです。たとえば、引き渡し後に壁からの水漏れが発覚し、その原因が壁の内部配管の亀裂だった。その亀裂が引き渡し時に発生していたものであれば、売主は瑕疵担保責任を追及されることになるでしょう。

　この「隠れた瑕疵」を物理的な欠陥に限らず、心理的なものにまで広げようとする考え方が「心理的瑕疵」です。たとえば、東京地裁の2011年1月27日判決は、次のように述べています。

　「わが国においては、建物を賃借する者にとって賃借すべき物件で過去に自殺があったとの歴史的事情は、当該不動産を賃借するか否かの意思決定をするに際して大きな影響をあたえるものとされており（従って、貸主や宅建業者は、賃貸借契約を締結するに当たり、一定期間はかかる事実を説明すべき義務があるものと解される。）、そのため、自殺者の生じた賃貸物件は、心理的瑕疵物件として、自殺後相当期間成約できなかったり、賃料を大幅に減額しないと借り手が付かないという状況が続くことになる。」「心理的瑕疵」とは、要するに「気味が悪い」ということです。

　さらに、家主側の不動産業者には、今後の取引にあたっては「心理的瑕疵」を生じた物件であることを知らせる「告知義務」が一定期間生じることになります。すると、一定期間、賃貸できなくなった、または、安くせざるを得なくなったことによって損害が発生するという論理によって、家主側が損害賠償請求の裁判を起こすわけです。裁判所は当然のように「心理的瑕疵」を認定した上で、金額面での評価が判断されるケースがほとんどです。

　遺族が自死の事実を家主側に告知する義務は、法律では規定されていません。しかし、新しい賃借人が入居後に自死の事実を知って賃貸借契約を解除した場合、家主に対して引越費用等の損害賠償請求を行うことがあります。すると、遺族はより大きな損害賠償を請求される可能性があります。

(2)自死は「善良な管理者の注意義務」違反

　自死によって「心理的瑕疵」を生じさせたことが認定されると、直ちに「善管注意義務違反」に結びつけられてしまいます。自死によって建物に「心理的瑕疵」を生じさせたのだから、賃借人側には責任（「善管注意義務」違反）があり、本人は亡くなっても遺族に法的責任がある、という考え方です。「善管注意義務」とは、「善良な管理者の注意義務」という法律用語が短縮された言葉です。一般に要求される程度の注意が求められるという意味です。

　「善管注意義務違反」と判定するには、債務者（賃借人）に故意・過失があることが必要です。そもそも自死の多くは「追い込まれた末の死」と国が規定しているにもかかわらず、自死に至った客観的事実や状況を無視して、安易に「善管注意義務違反」と断定してよいとは思えません。

　2017年5月に改正された新しい民法（債権法）では「瑕疵」という用語はなくなり、「契約不適合」という用語に置き換えられています。しかし、改正後の「契約不適合」の中で「心理的瑕疵」の考え方が排除されたわけではありません。

(3)心理的瑕疵を前提とする国交省のガイドライン

　2021年10月、国交省は「宅地建物取引業者による人の死の告知に関するガイドライン」を策定しました。これは、国交省が開催した「不動産取引における心理的瑕疵に関する検討会」を経て、人の死が発生した物件の告知についてトラブルの未然防止の観点から初めて定められたものです。

　宅建業者が原則として告知しなくてもよい場合は、以下の3点です。①自然死や日常生活の中での不慮の死（転倒事故、入浴中の溺死、食事中の誤嚥など）。②賃貸借取引において、①以外の死（自死も含まれる）の発生や特殊清掃等が行われた①の死が発覚してから概ね3年を経過した後は、告知しなくてよい。③対象不動産の隣接住戸・日常生活において通常使用しない集合住宅の共用部分で、①以外が発生した場合も告知しなくてよい。

自死に関していえば、賃貸借では対象不動産内および通常使用する集合住宅の共用部分（マンションのエントランス、共用階段、共用廊下など）で発生した場合は3年を経過するまでは告知義務があることになります。この告知義務期間は2年とする裁判例が多いにも関わらず、一律3年としています。売買の場合は告知期間を定めておらず、より長い期間告知が必要（あるいは無期限）ということになります。

　マンションの専有居室内だけでなく共用部分での自死に「心理的瑕疵」を拡張して認めると、理論的には、自死遺族は全入居者に損害賠償義務を負わなければならなくなります。入居者が専有居室を売却するたびに、自死遺族はいつまでも損害賠償請求を受け続けることになりかねません。

　「心理的瑕疵」を当然の前提として定められたこのガイドラインは、日本社会における自死に対する差別意識をさらに助長するものといえます。

（4）死は等価に扱われるべき

　一方で、「隠れた瑕疵」を心理的なものにまで拡張すべきではないという学説が従来からあります。

　たとえば、横山美夏氏（民法、京都大学教授）は、「不慮の死であれ自殺であれ、個人がそれぞれの生を生き抜いた結果としての死につき、特定の態様の死に対する嫌悪を裁判所が正当とすることは、それぞれの生が等しく価値を有するとする、個人の尊重（憲法12条・13条）ないし個人の尊厳（民法2条、憲法24条）に違反しないのかという疑問が生じる」、「民法2条により、民法の解釈にあたっては、生の終着点である死はその態様のいかんにかかわらず等価値に扱われるべきであり、（中略）生じてしまった死それ自体を否定的に評価すべきではないといえる。（中略）自殺の事実に対する消極的評価を前提として、通常一般人が『住み心地の良さ』を欠くと感じるときは自殺の事実が瑕疵となるとする裁判例は、民法2条の趣旨に反する。同条の趣旨からすれば、たとえ通常一般人がそのように感じるとしても、まさに規範的な意味でその合理性が否定されるべきではな

いか。」と主張されています（横山美夏「個人の尊厳と社会通念−事故物件に関する売主の瑕疵担保責任を素材として」『法律時報』85巻5号、日本評論社2013年5月）。

【参考】

憲法12条：この憲法が国民に保障する自由及び権利は、国民の不断の努力によつて、これを保持しなければならない。又、国民は、これを濫用してはならないのであつて、常に公共の福祉のためにこれを利用する責任を負ふ。

憲法13条：すべての国民は、個人として尊重される。生命、自由及び幸福追求に対する国民の権利については、公共の福祉に反しない限り、立法その他の国政の上で、最大限の尊重を必要とする。

憲法24条：婚姻は、両性の合意のみに基いて成立し、夫婦が同等の権利を有することを基本として、相互の協力により、維持されなければならない。2 配偶者の選択、財産権、相続、住居の選定、離婚並びに婚姻及び家族に関するその他の事項に関しては、法律は、個人の尊厳と両性の本質的平等に立脚して、制定されなければならない。

民法2条：この法律は、個人の尊厳と両性の本質的平等を旨として、解釈しなければならない。

「心理的瑕疵」という概念は、自死あるいは死や穢れに対する迷信や偏見に由来するものであり、自死を差別的に扱う評価は日本だけの偏見で、欧米では存在しません。

3　生命保険の免責期間＝他の死より長い

　生命保険を律する保険法の51条（保険者の免責）1号で、被保険者の自死は免責事由とされ、保険金を支払う責任を負わないとされています。「全期間免責」です。

　多くの生命保険会社は、約款で責任開始日から1〜3年以内の自死に限って死亡保険金を支払わない旨を規定しています。その期間経過後は保険法の規定にかかわらず自死でも保険金を支払うことにしています。ただし、他の死よりも長い免責期間が設定されています。

免責期間中に、被保険者が精神疾患等の状態で自死した場合はどうでしょう。自由な意思決定ができない状態で死亡した場合は、約款の定める「自殺」には該当しません。ただし、その証明は受取人（遺族側）が行わなければなりません。

自死遺族にとって、生命保険に関わる深刻な問題の1つとして、住宅ローンがあります。

住宅ローンの多くは、契約時に契約者が団体生命保険に加入し、ローン期間中に契約者が死亡した場合、生命保険金で残った住宅ローンを一括支払いすることになります。たとえば、ローン開始から10年を過ぎて銀行から勧められて借り換えをした場合、借り換えによって生命保険も新たな契約になるので、免責期間中に契約者が自死すると、保険金は支払われず、遺族が一括請求されることになります。残っているローンを支払えないために競売にかけられ、子どもを抱えた遺族が自宅を追い出されるケースもあります。

4　健康保険の給付対象にもかかわらず

健康保険法では、第116条で「自己の故意の犯罪行為により、又は故意に給付事由を生じさせたときは、当該給付事由に係る保険給付は、行わない」とされています。自死や未遂が「故意」によると判断されると、保険給付を受けることができません。

ただし、昭和初期に「精神病等のため必ずしもその動機原因について故意ではなく認識能力がない場合は、故意の事故とはいわない」（昭和2（1927）年保理第3692号）との通知が出され、保険給付等の対象とされています。約10年後にも同様の通知が出されました。

さらに、2010年5月には厚生労働省保健局から「自殺未遂による傷病について、その傷病の発生が精神疾患等に起因するものとして認められる場合は、『故意』に給付事由を生じさせたことに当たらず、給付の対象としております。」との通知が出されています。

にもかかわらず、命を取り留めた本人や自死を図り病院で亡くなられた遺族が医療費10割負担で請求されるケースが未だにあります。医療機関が厚労省の通知を知らずに、自死（未遂）を保険給付の対象外としているのかもしれませんが、これは自死（未遂）への社会的偏見の根深さを示すものといえます。

5　警察の対応、検案料金

　警察の対応に傷つけられる遺族も少なくありません。

　遺体発見後、混乱状態にある遺族を長時間拘束し、何度も呼び出しての事情聴取の繰り返し。個人の携帯電話等を押収して1カ月以上も返さない。自宅で亡くなった遺体を警察に運び、数時間の検案後、裸のまま遺族に面会させる。聴取した情報を様々な機関に提供する。

　こうした遺体や遺族に対する非人道的な対応以外に、遺体の検案料金の問題があります。監察医制度が正常に機能している東京都などごく一部の地域を除き、検案は各警察署が一般の医師に委託しています。その料金は地域で大きく異なり、自死以外の死よりも高額です。憲法13条（すべての国民は、個人として尊重される）に沿って、死後の対応や制度も自死以外の遺族と同等に扱われるべきではないでしょうか。

6　総合的支援を訴える「全国自死遺族連絡会」

　「一般社団法人 全国自死遺族連絡会」（以下「連絡会」）は、2008年1月に発足した、自死遺族による自死遺族のためのネットワークで、2024年3月現在約3600人の自死遺族個人を会員とする団体です。連絡会では自死遺族からの様々な相談およびその支援に取り組んでいます。国や行政に対しては、「心のケア」に偏った自死遺族支援ではなく、「総合的支援」の具体的実行を訴えてきました。

　不動産の賠償請求など自死遺族が様々な二次被害に苦しめられていることは、日本社会ではほとんど知られていません。自死遺族の二次被害は

「究極の人権問題」とも言えるのではないでしょうか。そこで連絡会では2010年6月より、自死遺族等を二次被害から守る法制化運動を開始しました。この運動が日本を少しでも「生きやすい社会」に変える一助にしたいと考えています。

法制化運動および二次被害への具体的な対応・支援には、司法書士や弁護士、法律研究者など専門家との連携が不可欠です。そこで「自死遺族等の権利保護研究会」を立ち上げて、専門家による裁判支援や「いじめ自死」等による第三者委員会での支援を行い、シンポジウムや相談会も開催しています。

7 「自殺」ではなく「自死」に

「自殺総合対策大綱」は、自死の多くは「追い込まれた末の死」であるとしています。そうであるなら、自らを殺したという意味の「自殺」ではなく、追い込まれて自ら死ぬしかなかったという意味の「自死」という文言に変えるべきです——。連絡会では、このように訴え続けています。

言葉の単なる言いかえではありません。国が「自死」という文言を率先して使うことにより、自死への差別的問題や偏見をなくし、自死遺族が普通に家族の「死」を語れる社会になり、自死問題が社会問題として国民に広く受け入れられ、自死を減らし人に優しい国づくりにつながるはずです。この訴えにより、行政文書で「自殺」ではなく「自死」を使用する自治体も出てきました。宮城県、鳥取県、島根県です。

私たちは、人が人を差別することのない社会の実現を目指して活動を続けていきます。

・一般社団法人 全国自死遺族連絡会：https://www.zenziren.com/

（あけ・ひでひこ）

LGBT問題

西山 朗
（一般社団法人LGBT法連合会 事務局長代理）

1　はじめに

　近年、いわゆる「LGBT」や「性的マイノリティ」と呼ばれる人々について政治やメディア、企業や学校といった様々な場において取り上げられることが増えてきた。2015年には国政において、超党派の「LGBTに関する課題を考える議員連盟（以下、超党派LGBT議連）」が設立され、性的マイノリティの人々が直面する課題についての議論がなされるようになった。また、地方自治体に目を向けると、2015年に東京都渋谷区と世田谷区で初めて同性パートナーシップ制度が導入され、性的指向や性自認に基づく差別を禁止する条例は現時点で約90の自治体で導入されている。一方、海外では、国連人権理事会が2011年から議論を重ねてきた「性的指向と性自認を理由とする暴力と差別からの保護」に関する決議について2016年に可決し、これに関連する世界中の人権侵害について調査・報告する独立専門家を任命するなど、問題の解決に向けた機運が高まっている。

　しかし、このように動きが進む一方で、日本国内で性的指向や性自認に関する課題について多くの人々が認識し、理解している状態だとはまだまだ言えない。その一つの理由が「法整備の遅れ」であると筆者は考える。たとえば、OECDの2019年の調査によると、LGBTIを包摂する法制度に関して日本は35カ国中34位となっており、法整備が進んでいないことが明らかだが、法律なしで啓発を進め、かつ、性的指向や性自認に基づく困難の解決に向けて各主体の取り組みを促進させるのは、なかなか難しいのではないだろうか。

上記の問題意識を踏まえた上で、本稿では、初めに性的指向や性自認とは何か、また、それらに基づく課題が具体的にどのような場面で発生しているのかについて説明する。次に、それらを解決するためにどのような法律が必要で、かつ、これまでに政治の場においてどのような議論がなされてきたかについて振り返る。

2　性的指向や性自認に関する課題

　まず性的指向と性自認の概念について確認したい。前者は、「恋愛感情や性的な関心がどの性別に向いているか、向いていないか」を指す概念で、後者は「自分の性別をどう認識しているか」を指す言葉である。多くの人々は「恋愛感情や性的な関心が異性に向かい、性自認は、自分が生まれた時に割り当てられた性別と一致している」が、そうではない人々も一定数存在する。そして、性的指向や性自認が多数派と異なることで、人生の様々な場面において困難に直面するのだ。

　当会は「子ども・教育」「就労」「カップル・養育・死別・相続」「医療」「福祉」「公共サービス・社会保障」「民間サービス・メディア」「刑事手続」「その他（地域・コミュニティ）」の各テーマに関する合計354個の性的指向や性自認に基づく困難事例をリスト化[1]しているが、これを見ると困難の形態が非常に多岐に渡ることが一目瞭然である。例えば、「学校で自分の性自認や性的指向について誰にも話すことができず、メンタルヘルスが悪化し、自死に追い込まれた（a-20）」といった事例や、「就職活動の際、結婚などの話題から性的指向や性自認をカミングアウトしたところ、面接を打ち切られた（b-11）」といった事例が挙げられる。

　そして、これらの困難にはいくつかの特徴がある。第一に、「困難について他者になかなか伝えることが出来ない」ことだ。多くの性的マイノリティ当事者は、困難を他者に伝えることで自身のセクシュアリティに対して差別を受けたり、偏見の眼差しを向けられる可能性を危惧している。そ

の結果、困難を抱えていたとしても他者に伝えることが出来ず、課題が不可視化されてしまう。二つ目に、「家族や友人など周囲の人に頼ることができず、ロールモデルも見つけにくい」という特徴だ。まず、当事者の周囲にいる親や兄弟、姉妹、親戚、近所の人々などは性的指向や性自認に基づく困難に直面していないことが多く、それゆえに当事者に対する理解に乏しく、差別意識や偏見を持っていることも少なくないことから、当事者は周囲の人々に頼ることが出来ない。また、自らの存在についてカミングアウト（＝自分の性のあり方を自覚し、誰かに伝えること）して生活する当事者が少なく、自分と同じセクシュアリティを持つ他者の存在が見えないことから、当事者は毎日をどのように生きていけば良いかわからず、未来像を描けないという状況に陥ってしまうことがある。

　では、このような困難の解決に向けて、どのような法整備が必要となるのだろうか。当会は、2015年に労働法等の有識者たちと議論しながら、「性的指向および性自認等による差別の解消、ならびに差別を受けた者の支援のための法律に対する私たちの考え方（以下、試案）」を策定した。この試案では、まず目的として、「性的指向や性自認を理由とする様々な形態の差別を禁止し、行政機関や事業者に対して、差別を解消するための取り組みを義務付け、また、差別を受けた人を支援するための施策を定める」等といった内容を組み入れた。また、性的指向や性自認、差別の類型（直接差別、間接差別、関係差別、憶測差別）について定義を示している。

　ここで注目したいのは、試案では「性的マイノリティ（やLGBT）に対する差別」を禁止するのではなく、「性的指向や性自認に基づく差別を禁止している」点である。なぜならば、もし、救済対象を「性的マイノリティ」といった「人」とした場合、法律によって救済されたり、権利を保護されるようになったとしても、そのために自身の性的指向や性自認が明るみになってしまうことで差別や偏見といった不利益を被る可能性があるからで

ある。また、「あの人は性的マイノリティ当事者である」という憶測に基づいて不利益を被った（実際は当事者ではない）人が、救済対象とならなくなってしまう懸念もあるからだ。そのため、国連などでも使用されている「SOGI（性的指向の英語であるSexual Orientationと、性自認の英語であるGender Identityの頭文字をとった言葉）」という「すべての人々が持つ属性・特性」に基づく差別を禁止するという内容とすることで、すべての人々が保護され、被害救済の対象となるようにした。

　加えて、差別を禁止するだけでなく、「防止」にも力点を置いている。性的指向や性自認に基づく困難は、課題の実態や当事者のニーズを把握しにくい。また、不利益事項が一度発生してしまえば、その取り消しを求め行政指導を仰いだり、裁判等を争う中で、被害者に対する偏見や差別が向けられるかもしれない状況であることを想定すると、被害者はなかなか声を挙げることが難しい。そのため、差別的取り扱いを未然に防ぐことが非常に重要だ。これを踏まえ、試案では、就業規則等への差別禁止の明記、啓発、相談窓口の設置、差別が発生した場合の体制整備などを含む措置を企業にとらせることを想定し、防止規定も設けている。

　他にも、国や地方公共団体、民間企業の対応に関するガイドラインの策定を明記したり、主務大臣による助言、指導、勧告が出来ることを位置づけ、また、勧告を受けたものが従わなかった場合には企業名を公表することが出来るようにすることで法の実効性の確保を図っている。また、各自治体における困難相談支援センターを設置し、被害を受けた人の相談を受けたり、情報提供や心身の健康を回復するための指導を行うようにするなど、支援についても法律に位置付けている。

3　差別解消法をめぐる近年の動向
　当会は2015年に上記の試案を策定し、その実現に向けて国政の場で働

きかけてきた。その後、2016年5月27日に民進党、日本共産党、社会民主党、生活の党と山本太郎となかまたちが「性的指向又は性自認を理由とする差別の解消等の推進に関する法律案」を国会に提出し、2018年には立憲民主党など野党6党派が同様の法案を提出したが、今日まで特に進展はなかった。その後、2020年に東京オリンピック・パラリンピックが開催されることをきっかけに、差別禁止法を求める国内外からの声が大きくなるにつれ、超党派LGBT議連で「理解増進をするための施策に向けた、行政の体制整備を行う内容」の法案（理解増進法案）がまとまったが、「性的指向及び性自認を理由とする差別は許されないものであるという認識の下」という文言などを巡り、与党内で反対の動きが高まり、結果として法案は棚上げになってしまった。

　その後2年の時を経て、2023年2月に当時の首相秘書官が性的マイノリティに対して差別的な発言をしたこと、また、5月に広島でG7サミットの開催を控えていたことから、法整備を求める動きが加速した。G7諸国の中で唯一、同性カップルを保護する法律がなく、かつ、性的指向や性自認に基づく差別を禁止する法律もなく、また、法的性別認定において非人道的な要件を課している日本は、人権や民主主義、法の支配といった価値観の下集結したG7各国をまとめる議長国としての姿勢・責務を、法整備を進めることで示す必要があった。このような認識の下、経済界や労働界、市民社会が声を挙げたことで、2023年6月末に、性的指向と性自認（ジェンダーアイデンティティ）について初めて位置付けた「性的指向及びジェンダーアイデンティティの多様性に関する国民の理解の増進に関する法律（いわゆる理解増進法）」が成立した。

　本来ならば、性的指向や性自認に関する初めての法律が成立したことを喜びたいところだが、本法には懸念点がいくつかある。まず、第3条の基本理念において、「性的指向及びジェンダーアイデンティティを理由とす

る不当な差別はあってはならない」という記載があるが、本法は差別禁止法ではない。ゆえに、これまで述べてきた様々な差別事例に対して、その発生を防止したり、禁止する法的効力はない。また、「理解増進」を目的としながらも、国や地方公共団体、事業主や学校が行う理解増進のための施策は「努力義務」となっている。最後に、法案審議中に「(性的マイノリティではない)多数派への配慮をすること」という文脈から組み込まれた第12条で、理解増進のための措置を実施する上で「全ての国民が安心して生活することができることとなるよう、留意するものとする」とされていることから、施策の実施を阻止したい反対派の動きに使われてしまうのではないかといった危惧も叫ばれた。

　法律が制定されてから早くも1年以上が経つが、法に定められた基本計画や指針は策定されておらず、法律制定前後で過激化した、性的マイノリティ、特にトランスジェンダー女性に対するバッシングは勢いが衰えないままだ。我々は、このような状況が続くことを許すわけにはいかない。一刻も早い差別禁止法の制定が必要だ。

（にしやま・あきら）

【注】

(1)　一般社団法人LGBT法連合会、2019年、「性的指向および性自認を理由とするわたしたちが社会で直面する困難リスト（第3版）」、https://lgbtetc.jp/wp/wp-content/uploads/2019/03/%E5%9B%B0%E9%9B%A3%E3%83%AA%E3%82%B9%E3%83%88%E7%AC%AC3%E7%89%88%EF%BC%8820190304%EF%BC%89.pdf（最終アクセス2024年11月3日）

外国人問題

文 公輝
（NPO法人多民族共生人権教育センター）

はじめに

　1990年代以降、40年近くにわたって、労働者としての外国人を受け入れる政策がとられた結果、日本で暮らす外国人住民は年々増加し、すでに340万人を超えた。南米に移民した日系人の子孫、中国残留邦人の家族、親族等の外国人住民などのことを、「ニューカマー（外国人）」と呼んでいたことがあったが、いまや2世代、3世代と世代を重ね、在留資格「永住者」を取得して生活している人も多い。しかし、このような人たちですら、居住している地方自治体の選挙で一票を投じることができない。それどころか、住民投票の投票権を認める地方自治体条例の改正等ですら、反対意見が噴出することで頓挫してしまう状況である。また、永住者の在留資格をもち、日本で生まれ育った人も、「在留カード」の常時携帯と定期的な切替更新が義務付けられ、違反した場合には刑事罰の対象となる。2024年には、税金や社会保険料等を滞納しただけで永住者の在留資格を剥奪し、日本からの退去強制を可能にする、出入国管理及び難民認定法の改悪がなされてしまった。永住外国人ですら、法的に二級、三級の住民として処遇するのが、日本の在日外国人政策である。

　これは、朝鮮半島や台湾の植民地支配の結果として居住していた在日コリアンをはじめとした旧植民地出身者を敵視し、社会から排除しようとしてきた歴史にルーツをもつ政策だ。歴史的に形成され日本社会に根強い、朝鮮半島、中国出身者に対する蔑視と偏見が、差別的政策を下支えしている。さらに、東アジア各国に対する強硬な外交政策と表裏一体である、戦時下、植民地支配下における日本による加害の歴史を否認し、修正しよう

とする主張が20世紀の終わり頃から強まっている。そのようななか、植民地支配の加害性を足下で象徴する存在である、在日コリアン等に対するヘイトスピーチが拡大し、地方議会、国会の議員のなかにも、公然と差別的言動をおこなう者が相次ぐような状況であり、在日外国人政策の改善の障壁となっている。

1　国、行政が助長する人種差別

　公的差別は、私人間における差別を助長、煽動する効果をもつ。1980年代に就職差別事件の糾弾を受けた企業は、「行政が公務員として採用しないような外国人を、どうして民間企業が信用できるのか」と開き直った。現代社会においては、多くの金融機関等が外国人住民との契約時、契約更新時に、法的根拠もなく、在留カード（在日コリアン等の旧植民地出身者にあっては特別永住者証明書）の提示を必須とする条件を設けている。特別永住者証明書の提示を拒んだ在日コリアン3世の青年が口座開設を拒否される事件も起こっている。

　人の命を預かるはずの医療機関でも差別的取扱いが横行している。患者が無保険である場合、日本国籍を持つ人であれば自己負担分に加えて医療保険で賄う分をあわせて100％の医療費を支払う必要がある。ところが、外国人の無保険者に対しては、200％、300％もの法外な医療費を請求する行為がまかり通っているのだ。医療機関の規模等によって割合は変わってくるようだが、私が知る限り、最も高い300％を請求しているのは、公立病院である。それに合わせるかのように、民間病院も差別的ぼったくりと言わざるをえないような診療費を、外国人にのみ請求しているのだ。この法外な医療費の壁を前に適切な医療を受けることを諦め、死んでいく人がいるのではないかと想像することは、さほど的外れなことではないだろう。

2 「外国人住民調査報告書」にみる日本の人種差別

2017年に法務省が発表した「外国人住民調査報告書」（以下、「報告書」という）は、2016年末に実施された公的調査の結果で、有効回収数4252人（回収率23.0％）だった。いずれの項目も過去5年間の経験についてたずねたものである。これにもとづき、具体的な人権課題の状況について、以下に記す。

（1）入居差別

入居差別は外国にルーツをもつ人に対する差別を象徴する問題のひとつである。入居差別を問う裁判で最も古いものは、1989年に大阪地裁に提訴された、在日韓国人2世による訴訟だ。中学校への進学を控えた子どもの学習環境を整えるために希望した賃貸マンションへの入居を、不動産仲介業者との間で合意し、内金まで支払ったにもかかわらず、家主から入居を拒否された事件だ。家主及び不動産業者らによる差別的入居条件の作成及び入居拒否が不法行為にあたるとして、損害賠償を求め、同時に、大阪府に対して宅地建物取引業法等にもとづく監督義務違反による損害賠償を求めた。1993年、大阪地裁は家主に対して慰謝料20万円を含む26万円の損害賠償を支払うことを命じた。一方で不動産仲介業者、大阪府への請求は棄却された。原告、被告とも上告をおこなわなかったため、本判決は判例として確定している。

この判決から約四半世紀後に発表された報告書をみると、外国人であることを理由に入居を断られた経験がある外国人住民は、39.3％にのぼる。このような直接的な入居差別の他に、日本人の保証人がいないことを理由に入居を断られたという経験がある人も41.2％いる。日本人であれば家族、親族等を探して日本人の保証人をつけることは容易であるものの、外国人住民の場合は、家族、親族のなかには日本人がいない場合も多く、「日本人の保証人をつける」とする契約条件は、結果として外国人住民を狙い撃ちにした、差別的効果を持つ間接差別である。

(2)就職差別／就労上の差別待遇

　報告書によると、外国人であることを理由に就職を断られた経験をもつ人は25.0％いる。1974年、横浜地方裁判所で、在日コリアン青年が受けた就職差別事件について、違法行為であることを認定した判決が言い渡され、確定している。その後、40年近く経っても国籍を理由とした就職差別を4人に1人の外国人住民が受けるという、極めて深刻な状態にあることを、報告書は明らかにしている。報告書は就労上の差別待遇についてもたずねているが、それによると、同じ仕事をしているのに賃金が日本人より低かったと回答した人が19.6％、外国人であることで昇進できない不利益を受けたと回答した人が17.1％、勤務時間や休暇日数などの労働条件が日本人より悪かったと回答した人が14.6％も存在する。さらに外国人であることで解雇されたと回答した人も4.5％いる。就労上の国籍差別禁止を明示している労働法があってもなお、それに違反する人種差別が横行している可能性が高いのだ。

(3)人種差別言動

　報告書によると、過去5年間に、日本で外国人であることを理由に侮辱されるなど差別的なことを言われた経験がある人は30.6％、およそ3人に1人である。差別発言を受けた相手についてたずねると、最も多いのが「見知らぬ人」で53.3％。例えば、通りすがりの人、同じ飲食店や電車にたまたま居合わせた見知らぬ人から差別発言を受けたということではないかと思われる。

　この他にも、職場の上司や同僚・部下，取引先（38.0％）、近隣の住民（19.3％）、店・レストランの従業員（15.8％）、公務員や公共交通機関の職員（12.9％）、日本人の友人・知人（12.4％）、学校の教師や生徒、生徒の保護者（10.5％）、日本人のパートナー（恋人や結婚相手）の親族（6.9％）、日本人のパートナー（6.7％）と続く。「（過去5年間に）職場・学校で、外国人であることを理由にいじめを受けた」と回答している外国

人住民が13.6％に及んでいることも深刻な課題である。

3 反人種差別法制定をめぐる状況

　日本で唯一の反人種差別法といえるのが、2016年に施行されたヘイトスピーチ解消法である。同法が施行されたことによって、刑事訴訟や民事訴訟において、同法を援用し、それまでは法的責任が問われなかったような違法行為に対して有罪判決が言い渡され、損害賠償金を加重して支払いを命じる判決が相次いでいる。また独自のヘイトスピーチ対策条例を制定する地方自治体が相次ぐなど、ヘイトスピーチはあってはならず許されないことであるとする社会の規範意識が作り直される効果があらわれている。ヘイトスピーチ解消法の施行の結果、厚生労働省は、2019年施行のパワーハラスメント防止法に関連して、2022年11月に、「外国人であること、特定の国・地域の出身や特定の国・地域にルーツがあること等についての侮蔑的な言動」が「精神的な攻撃（脅迫・名誉毀損・侮辱・ひどい暴言）」のタイプのパワーハラスメントに該当するとの見解を、事業所向け啓発パンフレット等に新たに追加して掲載した。これは同年9月に、職場におけるヘイトスピーチ文書等の配布による精神的被害を受けた在日コリアン3世の原告による損害賠償請求訴訟の大阪高等裁判所判決が、最高裁の決定によって確定したことも背景にあると推察できる。この確定判決は、人種差別言動が職場でおこなわれないように予防する義務が事業主にあること、外国人従業員等は、職場において、人種差別言動による差別を受けない権利を持つことを判示した画期的なものだ。

　ヘイトスピーチ解消法の施行と、それに先立って被差別当事者である在日コリアンが8年近い訴訟を闘い抜いたことによって、事業主に対して、職場で外国人住民が差別されない権利を保障する法的義務が課せられたことの意義は大きい。今後、同法を活用した訴訟提起が積み重ねられることで、セクシャルハラスメント同様に、反人種差別が日本の職場規範として確立していくことが期待できよう。

一方で、ヘイトスピーチ解消法には明確な禁止条項や罰則条項が設けられていない。そのため、深刻な精神的被害をもたらす、在日コリアン等の集団全体を差別するヘイトスピーチであっても、職場以外では個人を名指ししない場合は法的救済を求めることができないという課題が残っている。また、インターネット上のヘイトスピーチは、ＳＮＳ事業者等が独自に設けているルールがあるにもかかわらず、削除には多大な困難を乗り越えねばならない状況がある。各地で人種差別的動機にもとづき、放火等の刑法犯罪をおこなうヘイトクライムが連鎖している状況もある。

　さらに、日本にはヘイトスピーチに留まらず、極めて深刻な人種差別実態が存在することが、公的調査の結果である報告書によって明らかになっていることは前記したとおりである。しかし、それら人種差別全体を対象とする法律の整備は、一向に進んでいない。前記したとおり、入居差別、就職差別について違法行為とした司法判断が確定してなお、就労上の差別取扱いを禁止する労働法があってもなお、相当高い割合で、いまなお被害を受けている人が多い現実を報告書が明らかにしていることからも、人種差別禁止法を制定する立法事実は十分だといえよう。最後に、冒頭で記したとおり、在日外国人をめぐる人権課題のなかには、公的差別と言わざるをえないものが多く含まれている。しかしながら、永住外国人の地方選挙権問題、入管難民法問題等、日本の司法は国家、政権、中央官庁による在日外国人に対する差別、人権侵害に対する法的責任を認めない傾向が強い。そのような意味で、国際的な人権保障システムである、政府から独立した国内人権機関の設置、国際人権諸条約の実施機関に対する個人通報制度を認める選択議定書の批准は、在日外国人の差別問題解消のためにこそ、高い効果を発揮することが期待できるといえよう。

（ムン・ゴンフィ）

HIV問題

加藤 力也

(特定非営利活動法人ぷれいす東京 理事／ネスト・プログラム・コーディネーター)

1 HIV問題とは

HIV/エイズが世に知られるようになって40年以上が経過した。

原因不明の免疫不全による日和見感染症を発症する患者が発見され、それが後にAIDSと定義された。血友病患者も相次いでエイズ発症し、1983年にこうした症状の原因となるウイルスであるHIVが発見された。

当初、特に男性同性愛者や薬物常用者の間で感染が拡大していることが報じられ、差別・排除の意識が高まった。もともとそうした層に対して社会がネガティブな感情を持っていたことも相まって、当時は多くの人が自分とは関係がない他人事として捉えていた。

日本では1980年代半ばにいわゆるエイズパニックが起き、エイズにより亡くなった故人のプライバシーを公開するなど著しい人権侵害が起こった。同時に、エイズは対岸の火事ではなく、誰もが感染しうる病へと変化していった。自分にも感染しているのではないかと不安になった多くの人々が相談や検査に殺到する状況となった。一方で、血友病患者の薬害による感染は「良いエイズ」、性感染による感染は「悪いエイズ」と言われ、特に男性同性間の性行為によって感染した当事者は二重のスティグマに悩まされることとなった。

治療法が確立される1996年まではまさに死の病であり、HIV陽性者に対するケアではなく、隔離・排除することが優先された。それをメディアの報道が助長した。その背景には、感染症に対する脅威という以外にも、「セックス」「売買春」「同性愛」といった性の問題に対する世間一般の差別意識やタブー感が存在していたということが指摘されている。HIV/エ

イズに対する恐怖のイメージや、HIV陽性者に対する差別意識の多くはこの時期に形成された。それは、ウイルスを抑え込む治療法が確立した以降も、根強く社会の中に残っている。

　先述の通り、1996年にHAART療法（Highly Active Anti-Retroviral Therapy）と呼ばれるHIVの働きを抑制する薬による抗HIV療法が確立された。これによりそれまでの「エイズ＝死の病」という図式は覆されることになった。今日に至るまでの医療の進歩は目覚ましい。当初は一日に何錠もの薬を何度も飲まなければならず、さらには副作用も強いものであり、生活の質を保つために服薬開始時期を遅らせることが多かったが、現在では一日一回、一錠で済む抗HIV薬が主流であり、副作用についてもかつてに比べてかなり少なくなっている。さらには1〜2カ月に一度の注射でHIVを抑えるという治療法も出てきている。

　日本国内におけるHIV陽性者の累計報告数は、厚生労働省エイズ動向委員会の報告によると2023年時点で3万5000人強である。HIV陽性者の新規報告数は近年減少傾向にあったが、2023年にHIV感染者は7年振りに、エイズ患者は3年振りに増加に転じた。新規報告数に占めるAIDS患者の割合は30％強で、前年より増加している。性別についてはHIV感染者・エイズ患者いずれにおいても男性が約97％を占め、感染経路については、HIV感染者の71.2％、エイズ患者の54.0％が同性間性的接触と報告されている[1]。

2　差別の実態

　前章で記述の通り、HIV/エイズは世の中に登場した直後からネガティブなイメージを持たれていた。社会のこの病気に対する理解は、医療の進歩ほど進んではいないのが実情である。

　HIVは日常生活を送るうえで感染することはまずあり得ない。しかしながら、日本社会においてはこうした基本的な理解は十分とはいえず、職場や就職活動の場では、HIV陽性者に対する差別事例が起きている現状がある。

57

〈就労・就学に関する差別事例〉[2]

・日和見感染者が多数出たため、無期限出社停止処分を受けた。理由は「他人に感染させる」というものであり退社した。（女性/40代/契約社員）

・直接、人と接触しない部門に配属になった。（男性/40代/公務員）

・職場でHIVの話になると、皆「気持ち悪い」と口をそろえて言う。絶対に隠し続けなければならないと思った。（男性/40代/正社員）

・前勤務先の産業医より、人事部長と社長には陽性である旨を知ってもらう必要があると高圧的に伝えられた。（男性/40代/自営業）

・学生時代に退学を勧められた。医療系の専門学校だったため。（男性/30代/正社員）

・面接時など、ひどい企業は感染経路まで聞かれ不愉快だった。（男性/30代/自営業）

・障害者面接会でHIVと解った後、相手の態度が変わって話を聞いてくれなかった。（男性/40代/無職）

　こうした課題に対して、厚生労働省では1995（平成7）年2月20日付で「職場におけるエイズ問題に関するガイドラインについて」を通達している[3]。このガイドラインに照らせばHIV感染を理由とした解雇や出勤停止は不当な扱いということになるため、職場におけるHIV陽性者への差別に関して一定の抑止力になっていると思われる。しかし現実には、このような対応を受けたHIV陽性者は泣き寝入りをするか、理解のない他の同僚や上司などへの対応に疲弊してしまい、自ら退職してしまうことがほとんどである。また近年では非正規雇用も多くなっているため、契約期間の終了とともに雇い止めとなってしまうリスクもあり得る。実際、HIV陽性者を対象としたアンケートの結果によれば、HIV陽性者の多くは、勤務先の同僚や上司、人事担当者などに自らのHIV感染については伝えていない[4]。

またHIV陽性者は非感染者とほぼ同じくらいに長生きが可能な時代になった。日本のHIV/エイズの治療水準は世界的に見ても恵まれた状況にあるといえるが、すべての医療機関がHIV陽性者にとって安心して治療を受けられる場であるとは限らない。

HIV陽性者も非感染者と同様、さまざまな疾患に罹患することがあるが、拠点病院以外での受診はハードルが高いケースもある。HIV陽性者を対象にしたアンケート調査によれば、回答者のうち約4分の1のHIV陽性者が、拠点病院以外の医療機関での受診に際して「診療を拒否された」「差別的な態度や言動を受けた」と回答している。また同アンケート結果からは、HIV/エイズへの無理解への恐れから、HIV陽性者の間でも拠点病院以外での受診をしないようにしている、あるいは受診に際してHIV陽性者であることを隠しているケースが多いこともわかっている[5]。

また、実際に以下のようにニュースになっている事例もある。

〈医療現場における差別事例1〉[6]

高知県内で暮らすエイズウイルス（HIV）陽性者が昨年、歯科診療所で受診した際に感染の事実を告げたところ、歯科医師からその後の診療を断られていたことが関係者への取材で分かった。

歯科で標準とされる感染症対策を行っていれば、一般診療所でも陽性者やエイズ患者を安全に治療できるが、医療側の知識不足や偏見などから断るケースが全国的に相次いでいる。

高知県内のエイズ治療の中核を担う高知大学医学部付属病院によると、県内での診療拒否は「把握している限り初めて」。「あってはならないこと」とし、歯科医師らに対応を呼び掛けている。

〈医療現場における差別事例2〉

(2012/1/14　日本経済新聞)

　エイズウイルス（HIV）感染検査をした福岡県内の大学病院が、無断で勤務先の総合病院に結果を伝えたために休職を迫られたとして、同県の20歳代看護師が両病院側を相手取り約1100万円の損害賠償を求める訴えを福岡地裁の支部に起こしていたことが13日、分かった。

　提訴は11日付。訴状によると、看護師は昨年8月、大学病院の検査で陽性反応が出たが、医師からは職務に影響はないと説明された。しかし、出勤後に上司から「患者に感染させるリスクがなくなるまで休職してください。90日以上休職すると退職扱いになるがやむを得ない」と告げられた。

　病院側に情報開示を求め、大学病院側から検査結果が伝達されていたことが判明したという。看護師は休職後、同11月末に退職した。

(2015/1/29　河北新報)

　（略）…控訴審判決で、福岡高裁は29日、病院に約115万円の支払いを命じた一審の福岡地裁久留米支部判決を変更し、約61万円の支払いを命じた。

　判決理由で一志泰滋裁判長は「元看護師は勤務先病院が検査結果を職員間で共有することについて、事後承諾していた」として慰謝料を減額した。

　拠点病院以外の医療機関に対しては、理解を促すための取り組みや研究も行われている。いくつかの都道府県では「エイズ診療協力医療機関（歯科診療機関）」といった名称で、HIV陽性者を受け入れる医療機関を公開または紹介する制度が存在する。これらの制度にも、登録されている医療機関が未だ少ない、HIV陽性者への周知が十分でなくあまり認知されてい

ない、といった課題があるものの、HIV陽性者としては、こうした動きが今後さらに広がっていくことを期待したい。

3　差別解消法をめぐる動向

　HIV陽性者の社会における理解度はまだ十分とはいえず、差別・偏見の対象とされる機会も少なくはない。しかし抗HIV薬の効果により、極限までウイルス量を抑制すると他の人に対して感染させることはなくなる。適切な治療を受けて安定した状態にあるHIV陽性者はもはや感染源ではないということが科学的に証明されており、これを表したU=U（Undetectable=Untransmittable）が提唱されて数年が経つ。こうした医療の進歩を含む最新の情報を得ることが、HIV/エイズへの差別・偏見を低減させることに有効だと思われる。さらにはPrEPというHIV感染を予防する方法があり、2024年に日本国内で正式に認可された。正しい知識を持って行動すれば、HIV感染は高確率で予防が可能になっている。

　男性同性間での感染が多い現状では、セクシュアリティの問題もある。HIVとセクシュアリティ両方の差別・偏見に苛まれるHIV陽性者は少なくない。昨今LGBTQ+が社会的に認知され、多くの企業などがその問題に向き合うようになってきたが、個人レベルでは自身のセクシュアリティについてオープンにできない人も多い。またセクシュアリティがクローズアップされるとHIV問題は置き去りにされることもままある。

　セクシュアリティに関わらず、性的な接触が感染ルートであるがゆえ恋愛やセックスの面でHIVが影を落とすことがある。新たな出会いに躊躇したり、相手に対して自身の病気のことを告げる・告げないということに悩むHIV陽性者は今でも大変に多い。HIV/エイズには人を好きになるという人として根源的な感情を阻害する面があることは現代においても否定はできない。知られれば差別・偏見の対象になり、不利益を被るということを恐れる陽性者は少なくはない。あるいは自分自身の中にもHIVに対してネガティブな感情があることで、社会からの差別感情もなくならないのだ

と気づくこともある。

　法的に守られることを求めるのは当然ではあるが、社会に対して多くの当事者がHIV陽性者であることを表明するのが難しいなか、問題を可視化することが難しい場合がある。実名・顔出しで訴えることが叶わない多くのHIV陽性者の実態が少しでも多くの人に伝わり、知識や気持ちのアップデートが進むことを願ってやまない。

（かとう・りきや）

【注】

(1) 令和5（2023）年エイズ発生動向―概要―　chrome-extension://efaidnbmnnnibpcajpcglclefindmkaj/https://api-net.jfap.or.jp/status/japan/data/2023/nenpo/r05gaiyo.pdf

(2) 厚生労働科学研究費補助金エイズ対策研究事業「地域におけるHIV陽性者支援のための研究」　http://www.chiiki-shien.jp/

(3) 厚生労働省「職場におけるエイズ問題に関するガイドラインについて」chrome-extension://efaidnbmnnnibpcajpcglclefindmkaj/https://www.mhlw.go.jp/content/10906000/000726511.pdf

(4) HIV Futures Japanプロジェクト　https://survey.futures-japan.jp/

(5) 特定非営利活動法人日本HIV陽性者ネットワーク・ジャンププラス「HIV陽性者の医療に対するニーズ調査」　chrome-extension://efaidnbmnnnibpcajpcglclefindmkaj/https://www.janpplus.jp/uploads/needs_survey2012.pdf

(6) 2014年5月4日　高知新聞

見た目問題

外川 浩子
(NPO法人マイフェイス・マイスタイル 代表)

はじめに

　今から15年くらい前のことです。「見た目問題」という言葉が世に出た
ばかりの頃、私はある人権講座に招かれました。「生まれつきアザがある、
事故や病気で顔が変形している、髪の毛がない。そういう見た目に特徴的
な症状をもつ人たちは、様々な場面で差別されている。就職活動でも不当
な扱いをされ、接客業にはほとんど就けない」と話したところ、参加者か
ら「それは差別じゃない。適材適所だ」と言われました。

　この人だけがそういう考えをしていたわけではありません。当時は「お
客さんが嫌がるから、あなたの顔では雇えない」と言われることもあった
ほどです。私は、「かわいそうだと同情はするけれど、対等な存在とは認
めない」と言われたような気がして、強い憤りを覚えました。

　時が経ち、「見た目問題」がメディアでも取り上げられるようになると、
世間の風潮も変わりました。入社試験の面接で「あなたの見た目では採用
できない」とストレートに言われることもなくなりました。

　では、「見た目」に対する差別はなくなったのでしょうか。

　少し思い出してみてください。あなたの近所のコンビニやスーパー、ファ
ミリーレストラン、カフェなどで、見た目に症状がある店員を見かけたこ
とがありますか。日本には「見た目問題」当事者は100万人もいます[1]。
本来であれば、もっとたくさんの当事者が接客業に就いていてもおかしく
ないはずです。

1 「見た目」の差別

　生まれつきのアザ、事故や病気による変形、傷痕、欠損、火傷、脱毛など、先天的（生まれつき）または後天的（事故や病気等）な理由で、人目に触れる部分に、特徴的に目立つ症状をもつ人たちがいます。日本には、そのような見た目の症状をもつ当事者がおよそ100万人いると考えられますが、彼ら・彼女らがぶつかる様々な困難を「見た目問題」と言います。

　実際、当事者はどのような困難にぶつかっているのでしょうか。次のように、3つの段階に分けることができます。

　まず、第一段階として、他者から受ける侮辱的・差別的な行為です。私たちは「人は見た目じゃない。中身が大切だ」と子どもの頃から繰り返し教わってきましたが、見た目に対する差別はあとを絶ちません。接客業になかなか就けないだけではなく、「バケモノ」「気持ち悪い」「その顔でよく生きていられるな」「死ね」などと暴言をはかれたり、排除されたりなど、日常的に差別にさらされています。

　これらの行為を引き金として、自己肯定感及び自己効力感の低下を招きます。日々、人格を否定されることによって自分を大切な存在だと思えなくなり、「どうせ自分なんか何もできない」と考えるようになります。

　その結果、社会を怖いと感じ、ひきこもったり、職業に就かない・就けない状態になるなど、社会との断絶を引き起こします。なかには自ら命を断つ人もいるほどです。

　そのような状態にありながらも、見た目の症状の多くは、生命の危機がなく、機能的な障害もなく、治療の緊急性も必要性もありません。そのため、社会的な問題としては認知されず、公的支援もありません。国に「見た目問題」を担当する部署は存在しません。

　しかし、学校でのいじめ、就職差別、結婚差別といった明らかな人権侵害は、現実に起こっています。当事者自身に人権侵害にあっているという実感が薄いように感じられることもありますが、それは、これまで公的支援もなく、社会的な問題とされてこなかった時間があまりにも長すぎたた

め、被害を受けても仕方ないことと諦めているだけではないでしょうか。

　ところで、昨今、「ルッキズム」という言葉を頻繁に目にするようになりました。2022年ユーキャン新語流行語大賞にもノミネートされたほどです。ルッキズム[2] とは、外見至上主義とも言われ、学校や職場などの人間関係において、美しさや格好良さが、強い影響力を持ち、見た目が魅力的な人ほど優遇されるような状況や考え方を指しています。

　今、世の中では、自分が預かり知らぬところで一方的に容姿をジャッジされる嫌悪感、顔採用[3] などへの不信感、美容整形の低年齢化などの問題が注目され、ルッキズムに対する批判が高まっています。その相乗効果で、「見た目問題」に対する周知や理解も広まっていると実感しています。

2　「見た目問題」の現状

　2015年、私たちNPO法人マイフェイス・マイスタイルと一般社団法人部落解放・人権研究所は共同で、「見た目問題」に関するアンケート調査（見た目に症状があることを理由に差別的な言動を受けた経験があるか）をインターネット上で行いました。1カ月半という短い期間にもかかわらず、当事者本人より172例、当事者の家族より32例の回答が寄せられたのですが、そこには私たちの想像を遥かに超える壮絶な人生が刻まれていました[4]。

　ジロジロ見られたり、心ない言葉で傷つけられたりするのは日常茶飯事で、「街を歩いているときは、視線のナイフでメッタ刺しにされている気分だ」と綴った人もいます。

　また、多くの当事者が子どもの頃にいじめのターゲットになっていました。たとえば、生まれつき顔に赤アザのある男性はクラスメイトから無視されたり、「キモイ」と言われたりしたそうです。「うつるから近寄るな」と言われ、暴力までもふるわれました。ほかにも、「化け物」「死ね」と罵倒されたり、「その顔でよく生きていられるね」「私だったら、自殺するけど」などと言われたり。「おぇっ、気持ち悪い」と目の前で吐くまねをされた人もいます。トイレに閉じ込められ、「汚ぇから洗ってやるよ！」と

上からホースで水をかけられた人もいました。

　学校だけではありません。道ですれ違いざまに「気持ち悪い顔」と吐き捨てられたり、「あれ見て、ヤバい」と指をさされたり。バイトの面接に行けば「お客さんが嫌がるから」と履歴書を返され、コンビニで買い物をすれば、レジで、まるで汚いものには触りたくないかのように、手の上の方からおつりを落とされる。「汚れた血を入れるわけにはいかない」と恋人の親から結婚を反対されたり、職場の同僚から「お前みたいな化け物を外回りに出せるわけないだろう」と笑われたり。とにかく、学校や職場という日常で傷つけられ、就職、恋愛、結婚といった人生の節目節目では大きな壁にぶつかっています。

　なお、就職差別に関しては、2022年に社会学者の矢吹康夫さんが行った調査「履歴書の顔写真が採用選考の判断に及ぼす影響」[5] では、能力・適正とは関わりのない顔写真が評価に影響しており、特に脱毛症や血管腫（赤アザ）という一瞥してわかる症状に対して強いネガティブ効果が認められました。

　このような差別の実態に対しては、NPOや患者会が独自に当事者をケアし、社会にむけた啓発活動を行うに留まり、国や行政による対策は全く行われていないのが現状です。

3　差別禁止法をめぐって

　このように公的支援のない「見た目問題」においては、差別によって被害を受けても当事者個人でどうにかするしかないのですが、裁判を起こす人はほとんどいません。冒頭で紹介した「適材適所」の話のように、加害者側には差別をしている意識はなく、同時に、当事者自身もまた、差別と捉えていない傾向があるからです。「こんな顔をしているのだから、酷いことを言われても当然だ」と受け入れてしまいます。また、差別であると認識したとしても、差別されても仕方ないと思ってしまうことも少なくありません。「仲間に入れてもらうために必要なコミュニケーションだ」と

諦めているのです。

　さらに言うと、使える法律がないという大きな問題があります。

　数少ない訴訟の中で、2015年、生まれつき髪が茶色い女子高生がアルバイト先のスーパーで、「髪を黒く染めろ」などと命令され、精神的な苦痛を受けたとして慰謝料などの損害賠償を求めた訴訟が起こされました。判決は「生来の身体的特徴を否定するのは極めて不適切」などとして、スーパーに慰謝料など33万円の支払いを命じました[6]。このとき、女子高生は「生来の身体的特徴を否定し、染めるように命令するというのは不当なものであり、人格権が侵害された」と主張しました。憲法上、直接的には明記されていない人格権を持ち出す以外に方法がなかったのです。

　染髪の強制を許さないという判決が出たことで、以降、同じような差別を防ぐことはできるかもしれません。しかし、そもそも、見た目の差別を禁止する規定が全く存在しないのは大問題であると言わざるを得ません。

　なお、フランスでは刑法第225条の1で差別の定義がなされているのですが、そこには「身体的外見」に対する差別が明記されています[7]。

さいごに

　見た目の症状をもつ人が、真に安心して社会生活を営むためには、法律や制度を整え、安全が補償された環境にする必要があります。誰だって「地雷も落とし穴もたくさんあるけど、踏まないように気をつけて。もし踏んじゃったら自分で何とかして」と言われたら、安心して歩けないはず。今、当事者が置かれているのは、まさにそんな状況なのです。

　「見た目問題」や反ルッキズムの高まりを受けて、「それくらいのことで騒がれたら何も言えなくなる」と反発する声も少なくありません。ただ、一昔前のセクハラやパワハラもそうでしたが、今では企業はこぞってハラスメント研修を行っています。見た目の差別に対する意識も、やがてそうなることでしょう。

　現状では、当事者がどんなに差別されても泣き寝入りするしかありませ

ん。「人は見た目じゃない」という言葉だけが命綱で、見た目に対する差別を取り締まる法的根拠がないからです。マイノリティはマジョリティの善意に頼って生きるしかないのでしょうか。そんなの、おかしいですよね。マイノリティもマジョリティも対等な立場で、誰もが安心して暮らせる社会のために、差別禁止法の制定は必須なのです。

　私たちが目指しているのは、症状のある人も、ない人も、同じ空間を共有しながら共に楽しんでいる社会です。コンビニやカフェの店員として、症状のある人が普通に働いている。いつかそれが日常の風景になると、私は確信しています。

（とがわ・ひろこ）

【注】

(1)　イギリスでは「見た目問題」当事者は推計54万2千人（2007年「Changing Faces」調査より）とされている。日本の人口はイギリスの約2倍であり、疾患の発生率に地域や人種による偏りがとくにはみられないことから、日本にはおよそ100万人の当事者がいると推測される。

(2)　ルッキズム（Lookism）とは「Looks（見た目）」と「ism（主義）」を合わせた造語で、1960年代にアメリカで始まった「ファット・アクセプタンス運動（肥満を理由とした差別に対する抗議運動）」の中で使われたのが始まりと言われる。狭義では「外見に基づく差別、外見を理由にした差別」を指し、広義では、学校や職場などの人間関係において、美しさや格好良さが、強い影響力を持ち、見た目が魅力的な人ほど優遇されるような状況や考え方を指す。日本では、外見至上主義とも言われている。

(3)　福助株式会社が2013年に新卒採用担当者にむけて行った「女子就活生の脚もとに関する調査」によると、見た目がよいという理由で採用をする「見た目採用（顔採用）」がある程度あると回答した人は68.5％にものぼり、面接において、見た目というポイントはかなり影響力があることが分かった。

(4)　「見た目問題」に関するアンケート調査
　　調査内容：見た目に症状があることを理由に差別的な言動を受けた経験があるか
　　期間：2015年2月10日〜3月30日
　　実施方法：インターネット（Twitter、Facebook等のSNSにより拡散）
　　回答数：当事者本人より172例、当事者の家族より32例

実施：NPO法人マイフェイス・マイスタイル、一般社団法人部落解放・人権研究所（共同事業）

掲載：『差別禁止法制定を求める当事者の声⑥「見た目問題のいま」』（一般社団法人部落解放・人権研究所、2017年）

(5)「履歴書の顔写真が採用選考の判断に及ぼす影響─企業人事を対象とした履歴書評価実験の結果概要の報告─」（2023年2月）

調査者：矢吹康夫さん（立教大学社会学部研究員（当時）、現中京大学講師）

期間：2022年6月8日〜9日

実施方法：ウェブ調査会社に登録している企業人事のうち、採用担当者818人を対象に架空の履歴書を評価させる実験を実施。

(6) 神戸地方裁判所姫路支部　平成26年（ワ）第614号損害賠償請求事件

(7) 窪誠「フランスの差別禁止法制から学ぶもの」『部落解放研究』第211号,2019年,31 〜 43ページ

部落問題

谷川 雅彦
(一般社団法人部落解放・人権研究所 代表理事)

1 部落差別とは

　部落差別とは、部落出身者(同和地区出身者)と見なされた者に対する差別である。部落出身者とは、本人、父母、祖父母等が、部落、同和地区などと呼ばれ差別される地域に生まれ又は居住し、又は本籍を置いた事実によって部落差別を受ける可能性のある人のことである。つまり、本人なのか、父母なのか、それとも祖父母なのか、また、出生地なのか、居住地なのか、本籍地なのかは判断する側によって決められる。共通しているのは、部落という土地と何らかの関係性を有しているかどうかということが判断の基準になっているということである(2010年人権問題に関する大阪府民意識調査、2019年人権問題に関する三重県民意識調査)。

　したがって部落出身者かどうかを判断するためには、本人、父母、祖父母等の出生地、現在、過去の居住地や本籍地などの情報と、部落の所在地情報の2つの情報を突合させる必要がある。出生地、居住地、本籍地などの情報は戸籍や住民票等が本来の使用目的に反して不正取得される事件が相次いでおり、部落の所在地情報は、1975年、全国の部落の所在地を記した「部落地名総鑑」(現在までに10種類が確認)が発覚し法務省が回収焼却したが、現在、1936年に政府の外郭団体である中央融和事業協会が作成した調査報告書「全国部落調査」の復刻版がインターネット上で閲覧できる状況が放置されている。

2 「部落差別解消推進法」の施行

　情報化の進展にともなう部落差別の実態の変化をふまえ、2016年12月16日、「部落差別の解消の推進に関する法律」（部落差別解消推進法）が施行された。「部落差別解消推進法」は、第1条で「現在もなお部落差別が存在するとともに、情報化の進展に伴って部落差別に関する状況の変化が生じている」と部落差別の存在を認め、「部落差別の解消を推進し、もって部落差別のない社会を実現すること」を法律の目的に掲げた。

　そして第3条で国、地方公共団体に「部落差別の解消を推進するための施策」の実施を求め、「部落差別の相談に的確に対応する相談体制の整備」（第4条）、「部落差別の解消に必要な教育、啓発の推進」（第5条）を、国に「地方公共団体の協力を得て、部落差別の実態に係る調査」（第6条）の実施を義務づけた。

3 「部落差別の実態に係る調査」結果

　法務省は法第6条にもとづき「部落差別の実態に係る調査」を実施、「結果報告書」（2020年6月）を公表した。国民の意識調査では、交際相手や結婚相手が部落出身者かどうか「気になる」という回答が15.8%、約6人に1人にのぼっており、「わからない」という回答も25.4%あり、「気にならない」と回答した人は57.7%と6割に満たなかった。また、インターネット上で部落の所在地情報を閲覧したきっかけを尋ねると、「自分や身内の引っ越し先の地域について調べてみようと思った」（9.7%）、「自分や身内の交際相手や結婚相手の出身地について調べてみようと思った」（6.6%）、「近所の人の出身地について調べてみようと思った」（5.1%）、「求人に対する応募者の出身地について調べてみようと思った」（2.6%）とインターネットを利用した差別調査が行われている蓋然性が高いことが明らかになった。

　しかし、差別被害の相談窓口について地方公共団体で人権の専門相談窓口が「ない」との回答が47.1%にのぼり、窓口がある場合でも「常設」設

置は半数（43.8％）に満たず、82.5％の窓口に専門相談員が配置されていなかった。

4　法務省、総務省の対応

　部落の所在地情報は部落差別を解消するために必要な情報であるが、その使い方を誤れば部落出身者を特定し、部落差別行為につながる恐れのある情報でもある。法務省はネット上の部落の所在地情報の削除にあたって「インターネット上の同和地区に関する識別情報の摘示事案の立件及び処理について（依命通知）」（2018年12月27日）を全国の法務局、支局に発出、「○○地区は同和地区であった（ある）。」などと指摘する識別情報の摘示は、原則として削除要請等の措置の対象とすべきである。各局においては、この種の情報について、上記の考え方に基づき、適切に立件・処理されたい」と通知した。

　また、ネット上の誹謗中傷等の違法・有害情報への対応として政府は、「刑法の一部改正」（2022年7月施行）を実施、侮辱罪の法定刑を引き上げる（1年以下の懲役若しくは禁固若しくは30万円以下の罰金）とともに、「プロバイダ責任制限法」を改正、発信者情報開示請求に係る裁判手続の迅速化等を実施した。さらに同法を大規模プラットフォーム事業者に削除基準の策定・公表と一定期間内の削除申出の対応などを義務づける「情報流通プラットフォーム対処法（情プラ法）」に改正（2024年5月公布）した。

5　情報削除の実態

　法施行から8年を迎えるが、「部落差別解消推進法」が掲げる部落差別解消のための施策の一丁目一番地であるネット上の部落の所在地情報の削除の取り組みは効果をあげているとは言えない状況にある。（一社）部落解放・人権研究所が実施した調査では、部落差別をはじめとする人権侵害の実態把握と削除要請に取り組んでいるモニタリング団体が2019年度から2023年度の5年間に削除要請した情報は2万9757件で、実際に削除された

件数は1万2475件、削除率は41.9％であった。2015年度から2019年度の5年間の削除率（55.7％）よりも低下している。

　法務省・法務局が実施している人権侵犯事件調査処理規程および「依命通知」にもとづく部落の所在地情報の削除要請件数は、2021年1月から2023年12月の3年間で1381件で「全部削除」は64.1％、「一部削除」は5.1％、「削除されず」は30.9％であった。

　こうした状況が続くなか、衆議院法務委員会（2021年3月17日）でインターネット上の部落差別の投稿がどの程度削除されたのかという宮崎政久衆議院議員（当時）の質問に法務省の菊池人権擁護局長（当時）は「残念ながら顕著な変化は認められない」と答弁している。また衆議院総務委員会（2021年5月13日）で武田総務大臣（当時）は「違法な情報についてプロバイダ責任制限法において事業者の削除等の対応について免責条件を定めるとともに、それ以外の有害な情報（筆者注：同和地区の所在地情報はこれに該当）につきましても事業者団体のガイドラインの策定等の事業者による自主的な取組への支援を行っているところであります」と答弁している。つまり部落の所在地情報の投稿を削除するかどうかは事業者の自主的判断に任せられている。結果、インターネット上の部落の所在地情報の投稿・拡散は事実上放置されたままの状況が続いている。

6　全国部落調査復刻版裁判

　「部落差別解消推進法」にもとづく政府や地方公共団体の取り組みの一方で、全国の部落の所在地情報一覧を掲載した「全国部落調査復刻版」の出版とネット上へのデータ公表の削除・禁止を求める訴訟が開始された。2023年6月28日に出された東京高裁判決では、「本件地域の所在に関する情報である本件地域情報は、これのみをもって又はときに他の情報と相まって、本件地域の出身等であることを推知させる情報となるものである。したがって、本件地域情報の公表により本件地域の出身等を理由に不当な扱い（差別）を受けるおそれがある者は、上記の人格的な利益に基

づき、本件地域情報の公表の禁止や削除、損害賠償といった法的救済を求めることができると解される。本件地域の出身者等であること及びこれを推知させる情報が公表され、一般に広く流通することは、一定の者にとっては、実際に不当な扱いを受けるに至らなくても、これに対する不安感を抱き、ときにそのおそれに怯えるなどして日常生活を送ることを余儀なくされ、これにより平穏な生活を侵害されることになるのであって、これを受忍すべき理由はない以上、本件地域の出身等であること及びこれを推知させる情報の公表も、上記の人格的な利益を侵害するものである。そして、上記の不当な扱い（差別）又はそのおそれは、必ずしも本件地域の出身であるという客観的な事実に基づくものではなく、むしろ偏見や差別意識といった人々の心理、主観に起因するものである上、居住移転の自由が保障されている今日においては、本件地域を離れて生活している者も少なくない一方、戸籍謄本等によって取得できる情報は現在の本籍、住所に限られるものではなく、これを手がかりに過去及び親族の本籍や住所を探索することも不可能なことではないことなどに照らすと、本件地域の出身でなくても、本件地域での居住や本件地域に系譜を有すること等によっても生じ得るものである。そうすると、現に本件地域に住所又は本籍を有する場合はもとより、過去においてこれらを有していた場合、両親や祖父母といった親族が本件地域に住所又は本籍を現に有し又は過去において有していた場合においても、不当な扱い（差別）を受け又はそのおそれがあるものと判断するのが相当であるから、１＞本件地域に現に住所又は本籍を有する者、２＞過去において本件地域に住所又は本籍を有していた者及び３＞親族が本件地域に住所又は本籍を現に有し又は過去において有していた者は、上記の人格的な利益に基づく法的救済を受けることができるというべきである」と判示、出版社代表に加えて社員の責任を認定、原告が存在する31都府県を出版・削除・投稿の差し止め範囲と認定、550万円の損害賠償を請求した。原告・被告双方が上告したが、2024年12月4日、最高裁第三小法廷は上告を棄却し、東京高裁判決が確定した。

7 「部落差別解消推進法」の改正、包括的差別禁止法の制定

これまで述べてきたように「部落差別解消推進法」が部落差別の禁止規定のない理念法であること、インターネット上の部落の所在地情報が「違法情報」ではなく「有害情報」として位置付けられていることから部落差別につながる情報の投稿を規制したり、削除することがメディアリテラシーの問題や事業者の自主規制の問題になっている。

部落差別は部落出身者と見なされた者が受ける可能性のある差別であり、部落の所在地情報は部落出身者を特定するために悪用され部落差別につながる恐れのある情報でもある以上、こうした情報がネット上に放置され検索が可能な状況が放置されていたのでは、部落に何らかのルーツがある者は常に部落差別の被害を受ける可能性に日常を脅かされる。

「部落差別解消推進法」施行から8年、政府や地方公共団体、事業者、部落解放同盟など当事者や支援者がさまざまな取り組みをすすめてきたが、現実には司法に訴えるほかネット上の情報を削除する手段はない。しかし、「全国部落調査復刻版裁判」でも明らかなように提訴からすでに8年が経過するなど訴訟は時間がかかること、さらに裁判費用などのお金がかかること、加えて原告となる者に部落出身者であることの社会へのカミングアウトを伴うことなど極めてハードルが高い。「仮処分」が出てもミラーサイトや模倣犯による投稿が繰り返されて裁判で勝利してもまた一からのスタートになる。

こうした部落出身者の不安や恐れ、無力感は想像を絶するものがある。求められているのは憲法が保障した「差別されない権利」を実現する人権の法整備である。そのためには国連から繰り返し勧告を受けている国内人権委員会の設置を含む「包括的差別禁止法」の制定と「部落差別解消推進法」の強化改正である。

(たにがわ・まさひこ)

【参考】

①人権問題に関する大阪府民意識調査（2010年）

　　https://warp.da.ndl.go.jp/info:ndljp/pid/13338628/www.pref.osaka.lg.jp/
　　jinken/measure/ishiki22_index.html

②人権問題に関する三重県民意識調査（2019年）

　　https://www.pref.mie.lg.jp/common/content/000969826.pdf

③部落差別解消推進法

　　https://laws.e-gov.go.jp/law/428AC1000000109/

④部落差別の実態に係る調査結果報告書（2020年）

　　https://www.moj.go.jp/content/001327359.pdf

⑤松村元樹「「ネット上の差別書き込みのモニタリング削除依頼の実施状況について
　　のアンケート調査結果」を差別解消への政策につなげる」『部落解放研究』213
　　号（2020年11月）

　　https://blhrri.org/guide/guide_shosai.php?guide_no=207

⑥令和5年における「人権侵犯事件」の状況について(概要)法務省人権擁護局(2024
　　年)

　　https://www.moj.go.jp/content/001415625.pdf

⑦全国部落調査復刻版出版差し止め裁判（ホームページ）

　　https://www.stop-burakuchousa.com/

アイヌ問題

多原 良子
（一般社団法人メノコモシモシ 代表）

1 アイヌ問題とは

　アイヌ民族は、古くから北海道や千島列島、樺太に住む先住民族である。しかし、19世紀後半の明治政府による北海道開拓政策に伴い、アイヌの土地や天然資源が次々と侵害され、急激な社会変化に適応することを余儀なくされた。この時期に行われた同化政策は、アイヌ民族に深刻な影響を与え、その文化や生活は大きく変容していった。特に、土地の収奪や狩猟、漁撈といった伝統的な生活手段の制限は、窮地に追い込まれた。

　明治政府が北海道を本格的に開拓する際、和人（本州等から移住の人々）が大量に入植してきた。その結果、アイヌは和人との摩擦や軋轢が増し、社会的な差別が強まっていった。明治政府はアイヌの土地を国家のものとし、和人入植者に割り当てた。この土地収奪により、アイヌ民族は自らの生活基盤を失い、狩猟や漁撈（ぎょろう）といった自然と共生する生活スタイルが難しくなり、さらに、開拓政策に伴ってアイヌは急速な貧困化に追い込まれ、多くの者が困窮していった。

　この開拓政策と並行して行われた同化政策も、アイヌ社会に深刻な影響を及ぼした。明治政府はアイヌに対して、日本語の習得や和人文化への同化を強制した。例えば、教育制度はアイヌ語の使用を禁じ、日本語による教育を強要したのである。このため、アイヌの子どもたちは自らの文化や言語を学ぶ機会を奪われ、次第にアイヌ語の話者は減少していった。また、勧農政策も進められ、アイヌは農業に従事することを奨励されたが、この政策もまた、アイヌの伝統的な生活習慣を無視したものであり、和人社会への同化を目的としていたのである。

さらに、こうした同化政策の中で、和人社会の「男尊女卑」や「家父長制度」といった価値観がアイヌ社会にも浸透していった。アイヌ社会はもともと、女性が重要な役割を担い、男女平等の価値観が比較的強いものであったが、和人の家父長的な制度が取り入れられると、次第に女性の地位が低下し、アイヌの女性たちは民族差別だけでなく、性差別にも苦しむようになった。

　このジェンダー差別は、特にアイヌ女性にとって二重の抑圧となっていった。アイヌ女性は、アイヌ民族であることによる差別に加え、女性であることによる差別にも直面した。和人社会における女性蔑視の感情が、アイヌ女性に対する見下しの態度と結びつき、地位はますます低く見られるようになっていった。こうして、アイヌの女性たちは「民族」と「ジェンダー」という二つの軸での差別を受けることになっていった。この複合的な差別の結果、アイヌの女性たちは生活のあらゆる面で困難に直面した。アイヌ民族としての誇りやアイデンティティを守りたいという願いを持ちながらも、和人社会への同化圧力や性差別の中でその声を上げることが難しかったのである。

　現代に至るまで、こうした歴史的背景がアイヌ女性の立場に大きな影響を与えている。現在では、アイヌ民族の権利や文化復興に向けた動きが進んでおり、アイヌの女性たちも、その中で積極的に活動している。しかし、長年にわたる民族差別とジェンダー差別の影響は根深く、直面してきた課題は依然として解決されていない。アイヌ女性たちの複合差別の問題を理解し、その歴史的背景に目を向けることは、今後のアイヌ民族の権利擁護や文化復興のために重要な課題である。

2　具体的な差別の現状と実態

　1997年に「北海道旧土人保護法」が廃止され、「アイヌ文化振興法」が成立したことで、アイヌ文化の復興が図られたが、歴史的な不正義や差別の問題は依然として根強く残ってきた。さらに、2019年には「アイヌの

人々の誇りが尊重される社会を実現するための施策の推進に関する法律」が施行された。本法はアイヌの人々を「先住民族」と位置づけたが、先住民族の権利は規定しなかった。本法はアイヌ施策の策定と、民族共生象徴空間の運営に関する規則を定めたものであり、アイヌ施策の策定も象徴空間の運営にいずれもアイヌ民族には何らの権利もない。また、国際的には2007年に国連で「先住民族の権利に関する宣言」が採択され、2008年に日本政府はアイヌ民族を先住民族として公式に認めたが、土地や資源に対する権利は十分に保障されておらず、国際基準から見ても不十分な状況が続いている。特に、ジェンダーや民族性などが絡み合う「複合差別」の問題については、日本政府の対応が遅れているとの指摘がある。CEDAW（女性差別撤廃委員会）からの勧告もあり、複合差別に対する対応が求められている。

　アイヌ民族に対する差別の現状と実態は、現在も根深く残っている。2023年北海道が行った「アイヌ生活実態調査」で「アイヌであることを理由に、何らかの差別を受けたことがありますか」の問いに、初めてインターネット上の差別が職場や学校での差別を上回る結果となり、特にSNSやインターネット上での差別が深刻化していることが明らかになった。このことは、オンラインでのヘイトスピーチや誤情報の拡散が進んでいる現状を反映しており、「不愉快で憤りを感じ、恐怖・不安を感じる」と答えている。現在もアイヌ民族に対する社会的な偏見が根強いことを示している。また、前回から項目に入った複合差別を受けたことがある場合の要因に、経済的理由と性別が挙げられ、その原因は・背景は「人種的偏見に基づく差別」だと答えた人が多数だった。

　現職の国会議員による、アイヌ女性や在日コリアン女性に対する無断撮影や侮辱的なコメントが、ブログに継続的に掲載されている問題が大きな関心を集めた。この事件は、2016年に議員とその支持者がCEDAWの日本審査を傍聴した際に発生し、その後もSNSでのヘイトスピーチが続いた。2022年には複数の野党議員がこの問題を国会で取り上げ、差別行為とし

て追及したが、政府は「個別の言動については判断を控える」として、実効性のある対応は示されなかった。これに対し、マイノリティ女性たちは議員に抗議し、辞職や謝罪を求めたが、対応は不十分なままであった。

　その後も議員はSNSでアイヌ民族や在日コリアン女性に対する差別的発言を続け、問題はさらに深刻化した。2023年アイヌ女性や在日コリアン女性が法務局に人権侵犯の申請を行い、同年、法務局は「人権侵犯があった」と認定した。これはヘイトスピーチに対する社会的規範の示唆となる一歩と捉えているが、しかし、議員への対応は啓発活動にとどまり、根本的な解決には至っていない。また、議員は「差別は存在しない」と主張し続け、アイヌ文化振興事業の不正利用など誤った情報を広め、さらなる偏見や差別を助長している。現在の法制度は罰則や救済措置に限界があり、根本的な差別問題の解決にはまだ遠い状況である。

　女性議員の行動や発言は、差別的な言動が弱者やマイノリティを攻撃し、自身を強者として位置づける手段として使われているという分析がある。特に日本社会におけるジェンダー不平等が背景にあり、特定の女性が他の弱者を攻撃することで権力を得るという現象が指摘されているが、まさに現実はその通りである。

3　差別解消法を巡る動向

　2023年10月に北海道が行った「アイヌ生活実態調査」の報告が2024年に公開された。報告書によるとアイヌ民族の人数が過去最低を記録した。アイデンティティを公にすることで差別にさらされるリスクから、多くのアイヌが自らの民族的背景を隠して生活していることが明らかになった。これは、差別の根深さがアイヌの文化的消失を加速させている現状を示している。

　差別解消をめぐる動向として、アイヌ女性が直面する問題に対する具体的な対応策が重要視されている。再教育の必要性や支援プログラムの充実は非常に重要であり、特に貧困や教育機会の不平等により読み書きが困難

なアイヌ女性に対して、成人教育やリカレント教育の拡充が急務だと考える。政府や自治体がデジタルリテラシーや読み書き能力向上を目的とした教育機会を提供し、アイヌ女性たちの社会参加を促進する取り組みを進める必要がある。

(1)雇用支援と職業訓練の強化

アイヌ女性の雇用支援や職業訓練の強化も不可欠である。多くのアイヌ女性が非正規雇用や低賃金労働に従事している現状を改善するため、安定した雇用を得るためのスキル訓練や資格取得の支援が不可欠である。地域のニーズに合った職業訓練や再就職支援を強化し、長期的なキャリア形成をサポートする体制を整えることが求められている。これにより、経済的自立が促進され、差別の解消に向けた環境整備が進むことが期待される。

(2)ヘイトスピーチ対策と法的保護の強化

CEDAW日本審査において、内閣府は「ヘイトスピーチ解消法」や「アイヌ施策の推進に関する法律」などで差別禁止の原則を明記し、人権教育や啓発活動を進めている、と報告した。しかし、SNSでのヘイトスピーチは拡大しており、特にマイノリティや女性がターゲットとなることが多いため、法的な救済手段や支援窓口の整備が急務である。差別に直面した際の通報システムや法的支援、メンタルヘルスケアの提供も重要であり、インターネット上の差別に対する法整備や規制の強化も求められている。ヘイトスピーチ対策と法的保護の強化も重要である。

(3)アイヌ女性の政治的・公的活動への参画支援

さらに、アイヌ女性の政治的・公的活動への参画を支援することも重要である。アイヌ女性が政治や公的な場で積極的に発言し、意見を反映させるためには、リーダーシップ研修や政治参加を奨励する取り組みが求められる。政策決定のプロセスにおいて、アイヌ女性が積極的に参画できる環

境を整備し、社会的役割を担う機会を増やす支援が必要である。

(4)アイヌ民族の誇りを推進するために

２０２３年の調査では、アイヌの人々に特別な対策が必要と感じている
アイヌがこれまでの調査より15％も増えた。その主な中身は、子弟の教
育、生活と雇用の安定、アイヌ文化の保存や伝承が求められている。アイ
ヌ民族の文化やアイデンティティの保護と推進は、重要な課題である。近
年、アイヌ民族としての自己表明が減少している現状を踏まえ、先住民族
としての権利を尊重し、アイヌ文化の保護と推進に向けた取り組みを強化
する必要がある。アイヌの言語や文化、伝統を守るための教育プログラム
の充実や、一般社会におけるアイヌの歴史や文化への理解を深めるための
啓発活動も不可欠である。

これらの問題に対処するためには、政府や自治体、民間団体が連携して
包括的かつ持続的な取り組みを進めることが不可欠である。日本政府が包
括的な差別禁止法を制定し、独立した国内人権機関を設置することが必要
である。また、教育や啓発活動を通じてマイノリティに対する差別を根絶
する取り組みも不可欠である。アイヌ民族の権利と文化を守り、アイヌ民
族が直面する差別を解消するための多角的なアプローチが求められている。
これにより、アイヌ民族をはじめとするマイノリティが直面する問題に対
する具体的な対応が進むことが期待される。

（たはら・りょうこ）

水俣病問題

田尻 雅美

(熊本学園大学 水俣学研究センター)

1 水俣病問題

(1)水俣病とは

水俣病は、熊本県水俣市でチッソ水俣工場が有機水銀やマンガンなどの重金属を含む工場廃水を無処理のまま1932年から1968年まで排水したために不知火(八代)海を汚染(環境汚染)、汚染された魚介類を喫食したことによって発症した公害事件で、環境汚染、食物連鎖によって起こったこと、母親の胎盤を通して胎児が水俣病に罹患した(胎児性水俣病)ことから、公害の原点ともいわれる。

1956年4月に5歳と2歳の姉妹が続けて発症、隣家にも同様の症状の子がいたことから、5月1日にチッソ附属病院野田医師が水俣保健所に「脳症状を主とする原因不明の患者が入院した」[1]と患者4例[2]の発生を報告した。この日がのちに水俣病が公式に確認された日とされている。そして、公式確認から12年後の1968年9月に公害認定された。

水俣病の症状は、発生初期は急性劇症型といわれるように、激しい痙攣や視野狭窄、視覚喪失、難聴、発語ができなくなる、物が持てない、歩けないなどの激しい運動失調があり、外見からもその症状がわかる。慢性や軽症だと、主に手足の先ほど強い、または全身の感覚障害、難聴、頭痛、こむらがえり、運動がスムーズにできない運動失調などの、外見からはわかりにくい症状がある。

(2)現在も不明なままの水俣病の発生状況

水俣病は現在も、発生の時期、汚染の期間、地域、被害者数などが不明

なままである。

　被害の発生時期、汚染の期間については、公害と認められたのは1968年9月で、1968年5月にチッソ水俣工場は水俣病の原因となるアセドアルデヒド製造を中止しており、水俣地方住民の臍帯中水銀濃度が1968年以降低レベルになっていることから、国は1969年には曝露が終わったとしている。しかし、水俣湾の安全宣言が出されたのは1997年7月であり、2023年ノーモア・ミナマタ近畿訴訟大阪地裁判決では、水俣湾に仕切り網が設置された1974年1月までの汚染を認めている。

　被害地域でみると、「公害健康被害の補償等に関する法律（以下、公健法）」、「水俣病認定申請者治療研究事業医療手帳」の指定地域、1995年政治的解決[3]での「水俣病総合対策医療事業（以下、医療事業）」、2009年交付の「水俣病被害者の救済及び水俣病問題の解決に関する特別措置法（以下、特措法）」の対象地域にはそれぞれ違いがあり、公健法指定地域外からも患者が多数発生している。このように発生時期や期間も不明なままである。

　被害発生時期や地域が不明なのは、水俣病が公式に確認され公害と認められるまで、12年間も被害が放置されたことによる。公害と認めた1968年9月26日厚生省は「水俣病に関する見解と今後の措置」の中で、水俣病はメチル水銀化合物が原因物質で、チッソ水俣工場廃水が水俣湾魚介類を汚染し、食べた人たちが水俣病を発症したことを明記している。しかし、「1957年に魚介類の摂食が禁止され、1959年にチッソが排水処理施設を作り、水俣病患者の発生は1960年に終息している」とも書かれており、まったく事実を無視した見解であった。被害者たちは、認定申請しても認められることはないため、裁判や自主交渉などで被害を訴え、救済を求めるしかなかった。

(3)国と熊本県の責任

　発生当初は原因不明であったが、1956年11月には伝染病は否定され、

チッソ水俣工場廃水が疑われた。熊本大学は1957年2月に水俣湾の漁獲禁止が必要と発表し、同年8月熊本県が厚生省（当時）に水俣湾産の魚介類販売の禁止措置について、食品衛生法適用の是非について照会したが、厚生省は「湾内魚介類すべてが有毒化した根拠はない」として適用しなかった。また、1959年3月1日には「工場排水などの規制に関する法律」「公共用水域の水質保全に関する法律」が施行されるも適用されなかった。

　その後、公式確認から48年が経った2004年チッソ水俣病関西訴訟最高裁判決で、国は「水質保全法、工場廃水規制法に基づくチッソ水俣工場に対する排水規制権限を行使しなかった不作為の違法」、県は「漁業調整規則に基づく有害な物の除害設備の設置を命ずる等の排水規制を行なわなかった違法」と判断され、水俣病に対する国と熊本県の責任が明らかになった。

(4) 水俣病刑事事件　業務上過失致死傷罪

　チッソは水俣病の原因究明のためチッソ附属病院で「ネコ実験」[4]を行い、1959年10月6日に、水俣病の発生を確認した。しかし、これは公表されることはなかった。また、1959年12月にはサイクレーターを中心とする排水処理設備を完成し、大々的に安全性をアピールした。しかし、これは全く効果のないものであったことが、のちの裁判で明らかになった。

　自社の廃水が原因であることが明らかになったことを隠し、全く効果のない排水処理施設をつくり世間を欺き続けたチッソに対し、患者側がチッソ歴代幹部を殺人・傷害罪で告訴、1976年、熊本地方検察庁がチッソ元社長ら3人を業務上過失致死傷罪で起訴、1988年3月最高裁で3人の有罪が確定した。

　このように国と熊本県は、水俣病の被害を抑えることができたにもかかわらず、1968年9月まで何ら対処をせず、チッソは原因が自社にあることを知っていながら排水を流し続けた。

2 水俣病に向けられる差別

(1)奇病・伝染病

　水俣病は発見当初原因がわからないため「奇病」と言われていた。患者たちは医療費負担が生じないよう水俣市の「避病院（伝染病の隔離病院）」に隔離、原因究明のため熊本大学附属病院の隔離病棟に入院、患者が発生した地域では井戸や患者の自宅の消毒が行われた。そのため、発生当初は伝染病に対する差別が激しく、患者を背負って人が通らない線路を歩いて病院に通ったなどの体験を聞く。

(2)ニセ患者

　水俣病の補償・救済制度としては、水俣病が公害と認められた後は「公健法」により認定された患者がチッソと結ぶ「補償協定」がある。これは医師が水俣病と診断しただけでは対象とならず、熊本県・鹿児島県知事に本人が認定申請をし、種々の検査を受け、認定審査会を経て知事によって「水俣病患者」として認定されなければならない。認定されると一時金1600～1800万円と医療費を中心とした補償を受けることができる。

　申請主義であること、認定されると補償金がもらえるということから、急性劇症型でない被害者たちが申請すると金欲しさのニセ患者という差別が起こるようになった。それは「チッソによって水俣市は栄えている。チッソがなくなると水俣市は衰退する」と思う市民からの差別だけではない。1969年9月10日に開催された第63回日本内科学会総会における水俣病認定審査会のT医師の「この問題は補償問題が起こった際に、水俣病志願者が出現したので、過去においてわれわれはハンター・ラッセル症候群を基準とすることで処理した。」[5] という発言は、審査会の医師が発言することによって、医学界・世間にニセ患者がいるという強い印象を与え、申請者や認定患者への差別を助長した。『週刊新潮』1997年11月16日号には「特集「ニセ」水俣病患者二百六十万円賠償までの四十年」「"政府公認"のニセ患者」が掲載された。公共の場での堂々とした「ニセ患者」発言である。

2014年5月1日に開催された水俣病慰霊式の後、水俣病語り部の会会長宅に「そんなに金が欲しいのか」「いつまであんたどま（あなたたちは）騒ぐか」などという電話がかかってきたこともある（熊本日日新聞2014年6月10日）。患者に向ける差別は変わらない。

(3)水俣病被害者

1995年の政治的和解によって「水俣病総合対策医療事業」が開始、一定の症状がある人に「医療手帳」、「保健手帳」が交付された。環境省は対象者を「認定申請が棄却される人々ではあるが、水俣病の診断が蓋然性の程度の判断であり、公健法の認定申請の棄却は、<u>メチル水銀の影響が全く無いことを意味するものではない</u>ことなどに鑑みれば、救済を求めるに至ることには無理からぬ理由がある（下線筆者）」[6]とし、被害者ではあるが水俣病とは認めていない。

2009年、「水俣病被害者の救済及び水俣病問題の解決に関する特別措置法による救済」が公布された。前文で「<u>救済を必要とする方々を水俣病被害者</u>として受け止め（下線筆者）」とし、第5条で「過去に通常起こり得る程度を超えるメチル水銀のばく露を受けた可能性があり、かつ、四肢末梢優位の感覚障害を有する者及び全身性の感覚障害を有する者その他の四肢末梢優位の感覚障害を有する者に準ずる者を早期に救済するため、一時金、療養費及び療養手当の支給」するとしている。

つまり本来一つである水俣病について、加害者である国が「被害者であるが患者ではない」と水俣病患者と認めていないため、国によって新たな差別が生み出されたのである。

(4)水俣病裁判、水俣病行政不服審査会に見られる差別

水俣病被害者互助会のS氏は水俣病の認定義務付け訴訟係争中である。S氏は水俣病多発地区の漁村で1954年に生まれ、中学校卒業まで育った。祖父の代から漁師で、両親、祖母は水俣病認定患者で、生まれ育った地域

の漁村には216人[7] の認定患者がいる。しかし、2022年3月30日の熊本地裁判決では、「父が1960年に漁業補償の一環で水俣工場に勤務したことなどから少年期に魚貝類の摂取は相当程度減少したとみるのが相当」とあり、「魚を食べないようにしようという話はなく引き続き魚貝類を食べたと供述するが、当時5〜6歳の記憶が残っていたり、その内容を理解できていたとは考えにくく、かかる供述は信用できない」として、S氏があたかも嘘の陳述をしていると判断した内容であった。

　熊本県は棄却通知ではS氏の水銀の曝露は認めていたが、行政不服審査請求をすると、「父親が漁協組合員であり、操業自粛を知っていたこと・魚介類が危ないという状況を認識し得た」、「父親がチッソに就業後は水俣湾で採取された魚を大量に自家消費したとは考えがたい」、「ご自身が魚介類を摂食されていないということで申し上げたのではなくて、水俣病を発症する程度には摂食されていない」などと歴史的事実を全く無視して曝露の否定をした。

　もう一人、水俣病多発地区で認定患者が194人いる芦北町にある漁村で1960年に生まれ、18歳まで育ち、両親は水俣病認定患者の女性がいる。公害健康被害補償不服審査会の裁決書（2021.10.18）には、彼女の四肢の感覚障害を「体を締め付ける洋服や下着の着用により肩こり、腰痛などの症状が悪化するとしていることから、何か圧迫性の機序でしびれが生じている可能性も考えられる。（略）更年期障害が感覚障害の原因となっている可能性も考えられる。以上によれば、請求人にみられる感覚障害をもって、有機水銀に対するばく露に起因する感覚障害と判断することはできない。請求人は、20代からからす曲がり[8]、頭痛、肩こり、ふらつき、耳鳴りがあったとしているが、これらの症状は、精神的な不定愁訴を含めた様々な病態によって生じるものであり、請求人に水俣病の主要症候が認められないことに鑑みれば、有機水銀に対するばく露に起因するものと判断することはできない」とあった。

　裁判官や環境省公害健康被害補償不服審査会委員や被告代理人たちに見

られるのは、水俣病と認められると補償を得ることができる、つまり疾病利得のためだという差別である。このように水俣病の差別は、市民からだけではなく、権威をもった人たちから、公の場で堂々と行われている。

3　差別禁止法を求める動向

　水俣病の被害者たちは、国家に水俣病と認めさせる長い闘いの中で、多くの差別を受け続けている。近年包括的な差別禁止法の制定の必要性が広い分野から叫ばれているが、水俣病問題でも、差別禁止法ができれば、差別自体が抑止され、世間では見えにくい権威者たちや報道からの差別の抑止力にもなると期待している。

（たじり・まさみ）

【注】

(1)　熊本大学医学部水俣病研究班：『水俣病-有機水銀中毒に関する研究-』昭和41年、p1

(2)　同上、p10

(3)　水俣病と認定された人と同様の症状を訴えながら、水俣病と認定されない人たちに対して、一時金や医療費などを支給するかわりに、認定申請や訴訟などを取り下げ、国などの責任を問わないという政治決着

(4)　1956年から熊本大学や水俣保健所で、水俣湾で捕れた魚介類を猫に食べさせる実験。チッソ附属病院では、工場の廃液を餌に混ぜて猫400号に与える実験で1957年10月6日に発病を確認した。

(5)　互助会義務付け訴訟甲B第2号証の1の5、p6

(6)　最終解決策の付属文書1

(7)　熊本県水俣病相談事務所『水俣病問答集』平成7年4月、p100

(8)　こむらがえり

本研究の一部はJSPS科研費20K02228、24K05353の助成を受けたものです。

女性差別

林 陽子
（元国連女性差別撤廃委員会委員長／弁護士）

1　女性差別はなぜなくならないのか？

　フェミニストの学者である米国人のシャーロット・バンチは、1990年に「女性の権利は人権——人権の再定義へ向けて」という論文を発表し、その5年後に開かれた北京会議（第4回国連世界女性会議）に大きな影響を与えました。そこでは「女性差別はなぜなくならないのか？」について次のように書かれています。

　まず、世間にはもっと重大な人権侵害があり、女性差別は生きるか死ぬかの問題ではない、という考えを持った人たちが多数います。次に、女性差別の原因は文化的、社会的に根深いところにあるので、事実調査をしたり、法律や規則で規制することにそぐわない、という議論があります。国連が女性差別撤廃条約に個人通報制度[1] を追加しようとする過程で、このような制度創設に反対する国からも同じような主張がなされました。これに対して、深刻な女性差別はあるし、何とかしなければならないと認める人たちがいますが、女性差別はあまりにも日常生活にはびこっていて、対処のしようがない、とあきらめてしまっていることが、女性差別を存続させています。

　シャーロット・バンチはこれに続けて、「性差別は女性を殺す」と述べて、ドメスティック・バイオレンスやストーキングによって女性が日々殺されていることを告発しています。

2　女性に対する差別とは

　では、そもそも「女性に対する差別」とは何なのでしょうか。

1979年の国連総会において、女性差別撤廃条約（以下、「条約」とだけ記載したものは、女性差別撤廃条約を指します）が採択されました。条約第1条は、「女性に対する差別」とは、性に基づく区別、排除、制限であって、いかなる分野においても、女性が基本的権利を認識し、享有し、行使することを害する効果または目的を持つものをいう、と定義しています。これは先に成立していた人種差別撤廃条約（1965年の国連総会で採択）における人種差別の定義をモデルにしたものです。

　さらに、条約第4条は、「この条約に定義する差別と解してはならない」ものとして、2つの制度を挙げます。ひとつは、「男女の事実上の平等を促進することを目的とする暫定的な措置」です（条約第4条1項）。これはポジティブ・アクションまたはアファーマティブ・アクションと呼ばれる優遇措置ですが、女性差別撤廃条約はそのような措置は暫定的、過渡的なものであることを求め、条約は「結果として不平等または別個の基準を維持することがあってはならず、これらの措置は、機会及び待遇の平等が達成された時に廃止されなければならない」としています。

　なお、「パリテ」とか「パリテ議会」という言葉をご存じの方も多いと思います。フランス語に由来する言葉で「同数」を意味し、「パリテ議会」とは男女同数の議員で構成される議会のことです。2023年に行われた統一地方選挙の結果、日本では9つの自治体で「パリテ議会」が成立しました。この「パリテ」は恒久的に男女が同じ数だけ議会にいることが重要であるとの考え方に基づいていますので、「パリテ」は暫定的・過渡的な措置ではない、とされています。

　「女性差別とみなしてはならない」とされるもうひとつの制度は、「母性を保護することを目的とする特別措置」です（条約第4条2項）。ここでいう母性を保護する措置とは、具体的には、妊娠・出産を理由とする女性保護（産前産後休暇が代表的なもの）です。日本が条約を批准する際に、この「母性保護のための特別措置」はどの範囲までを含むのか、をめぐり、政府・労働組合・女性団体を巻き込んで大きな議論がありました。当

91

時（1980年代）の日本の法律では、労基法の中に深夜労働、時間外労働の制限をはじめとして一定の業務からの女性の就業の制限があったからです。最終的に男女雇用機会均等法を成立させた際に、あわせて労働基準法も改正され、それまで女性全般を保護していた規定を「母性保護」と「一般女性保護」とに分け、後者は廃止されることになりました。条約の解釈としてそれは間違っていたわけではありませんが、日本の男女はともに長時間労働を強いられているのが現実です。過労死が大きな社会問題とされた結果、安倍政権による一連の「働き方改革法」（2019年より順次、施行されている）が成立しましたが、労働時間規制はいまだに極めて不十分なものです。

3　多様な性（ジェンダー）と男女間の差別

　女性差別撤廃条約は1970年代に成立した文書ですので、その時代における世界の政治情勢（たとえば東西の冷戦）の影響を受け、また、今日であれば当然に扱われるであろう問題が扱われていないという時代的な制約も受けています。たとえば、条約には「女性に対する暴力」に関する条文は存在せず、売買春からの搾取からの保護についての規定があるのみ（第6条）です。

　より大きな問題として、条約は一貫して「男女間の差別」という表現を用いていて、性別を男女の二分法でとらえています。この点については、条約の解釈指針として女性差別撤廃委員会[2] が策定する一般勧告28号（2010年採択）において、条約第1条（差別の定義）、第2条（締約国の差別撤廃義務）、第5条（性別役割分担の否定）は、「性別に基づく差別のみに言及しているが、ジェンダーに基づく差別についても規定していると理解することができる」（パラグラフ5）とされたため、現在では、女性差別撤廃条約は女性に対する差別（生物学的に女性とされる人への差別）を扱うのみならず、ジェンダーに基づく差別（社会的・文化的に形成されたジェンダーに基づく差別）も対象としているという理解が一般的になっ

ています。その場合に、性とは男女の二分法ではないという考え方を女性差別撤廃委員会の多くの委員は共有していると思われますが、そのことを明言した委員会の文書などは現時点では存在しません。

4　日本における女性差別の現状

　2024年10月、8年ぶりとなる女性差別撤廃委員会での日本の報告書審査がジュネーブの国連欧州本部でありました。政府代表団との建設的対話と呼ばれる質疑を終え、委員会がまとめた総括所見[3] は、日本における女性に対する差別の現状を的確にとらえたものと考えます。

　広い分野にまたがる多数の勧告の中で、私は特に次の点が重要であると考えます。

① 　日本には女性差別を包括的に定義した法律がない。そのため、公的・私的双方の分野で、直接差別も間接差別も受けず、交差する差別の形態から救済を受けられる法律を制定すべきである。

② 　民法の中に差別的な規定が残っているので、選択的夫婦別姓を実現すべきである。この勧告は今回で4回目である。

③ 　ジェンダー平等のための国内本部機構（ナショナルマシーナリー）が弱体である。ジェンダー平等に特化した省が中央と地方に必要であり、そこがモニターをしながら政策が実際に履行されるようにすべきである。男女共同参画基本計画では、西暦2020年代の早い時期に、政策決定の場の30％を女性にするとの目標を立てているが、この目標は低すぎるので、50：50（パリテ）に改めるべきである。

④ 　国内人権機関が存在しない。明確な時限をもってパリ原則に沿った国内人権機関を設立するようにという前回の勧告を繰り返された。

⑤ 　女性の政治参画が少なく、意思決定の場における過小代表が明らかである。法律に根拠をもつクォータ制など暫定的な特別措置（女性に対する一定に優遇措置）を取るべきである。女性の政治参画の少なさは選挙の際の供託金の高さにも一因がある（国政選挙や知事選挙で

は300万円）ので、暫定的に供託金を女性について減額すべきである。また、アイヌ、部落、在日コリアンの女性などマイノリティ女性が意思決定の場に出ていけるよう、暫定的な特別措置をとるべきである。

⑥　女性に対する暴力も深刻である。ドメスティック・バイオレンスなど暴力被害者のためのシェルターに資金援助をすべきである。沖縄における米兵の性犯罪が適切に処罰され被害者が賠償を受けられるようにするべきである。

⑦　賃金をはじめとする男女の労働条件の格差が大きい。同一価値労働同一賃金の原則を徹底するため、労働基準監督署の監査を定期的に行い、現在は大企業にしか賃金格差の公表を義務付けていない女性活躍推進法を改正し、中小企業も対象とすべきである。

⑧　リプロダクティブ・ヘルス・ライツの保障が不十分である。女性が近代的な避妊方法（性交渉の直後に服用する緊急避妊薬など）にアクセスできるようにし、妊娠中絶を非処罰化し、母体保護法が定める中絶に配偶者の同意を必要とするとの条項を廃止すべきである。

⑨　交差する差別への取り組みが不十分である。政府は、アイヌ、部落、在日コリアン、障害を持つ女性、LBTI、移民女性などに対するあらゆる形態の交差する差別を撤廃するための努力を強化すべきである。障害者差別解消法が交差差別を罰則つきで禁止するよう改正すべきである。

5　包括的反差別法をめぐる動き

　女性の権利をめぐっては、条約批准時に制定された男女雇用機会均等法と、それに続く男女共同参画社会基本法、DV法をはじめとする一連の「女性に対する暴力」関連立法、さらに21世紀に入ってからは女性活躍推進法などがその時々に作られてきました。

　しかし、あらゆる生活の場所において、間接差別を含む女性差別を禁止する法制は存在しません。大学医学部入試における女性差別が争われた

裁判では、「女性差別禁止法」が存在しないために、学校教育法や大学設置基準（入学者の選抜は公正な方法で行われなければならないとの定め）、消費者保護法などを根拠として「差別」が認定されました。

また賃金格差、議会における女性議員の少なさ、企業における役員・管理職の少なさなど、女性の過小代表が明らかであるにもかかわらず、クォータ制を含むポジティブ・アクションに法的根拠を持たせるような積極的な試みが政府によりなされてきませんでした。夫婦同姓の強制のような、多くの人々から法改正の声が上がっている課題についても、政府は「司法の動向を参照する」と裁判所にボールを投げ、対する裁判所は「この問題は国会で解決すべき」と議会にボールを返し、三権の間で国民をなおざりにしてキャッチボールをしているかのようです。

マイノリティ女性に対するヘイトスピーチ、交差する差別も重大なものがあり、差別被害の相談を受け救済を図る機関も十分ではありません。

このような現状を変えていくためには、包括的な反差別法が必要であり、そのような法律があらゆる女性に対する差別を禁止するとともに、教育や啓発、差別からの救済の機能をもった平等機関（国内人権機関がその役割を兼ねることが想定されます）の設立が強く望まれるところです。

（はやし・ようこ）

【注】

(1) 個人通報制度とは、人権条約に定める権利の侵害を受けた被害者が、条約により設置された国際機関に対して救済を求めることができる制度。国連の主要な人権条約は、選択議定書などの形ですべて個人通報制度を持っているが、日本はひとつも批准していない。

(2) 女性差別撤廃委員会とは、女性差別撤廃条約により設立された機関であり、条約を批准した国の実施状況を国際的に監視する役目を負っている。委員は23名で、締約国による選挙で選出される。

(3) 国連文書番号　CEDAW/C/JPN/CO/9. 今後、外務省および内閣府のHPに和訳が掲載される予定である。

インターネット上の差別情報の法規制と包括法

内田 博文
（「差別禁止法研究会」代表／九州大学名誉教授）

　インターネット上には差別情報も溢れている。国によると、インターネット上の違法情報とされるのは名誉棄損、著作権侵害等の権利侵害情報と児童ポルノ・わいせつ物・麻薬・棄権ドラッグの広告などの違法情報である。また、有害情報とされるのは公序良俗に反する情報や青少年に有害な情報である。違法・有害情報の削除については事業者団体による自主的な取り組みが中心とされている。国はこの自主的な取り組みを後押しすることとされている。ヨーロッパなどと異なる日本の特徴である。

　経済活動に係る法制度の調査研究とわが国における法律知識の普及・啓発活動により、公正かつ自由な経済活動の促進並びにその活性化による国民生活の安定向上に寄与し、社会・経済の健全な発展に貢献することを目的として1955（昭和30）年に公益社団法人商事法務研究会が設立された。この商事法務研究会に「インターネット上の誹謗中傷をめぐる法的問題に関する有識者検討会」が2021（令和3）年4月に設置されている。

　検討会は2022（令和4）年4月に「取りまとめ」を公表している。検討会には法務省人権擁護局から局参事官、局付、総務課人権擁護支援官が、また総務省総合通信基盤局事業部から消費者行政第二課長、同課長補佐が、さらに最高裁判所事務総局民事局から第一課長、局付が議論に加わっていた。この検討会の「取りまとめ」は国の見解を反映したものとなっている。

　「取りまとめ」では事業者による自主的な取り組みの重要性を改めて指摘した上で、この取り組みを後押しするという観点からインターネット上の誹謗中傷の投稿等をめぐる削除の判断基準が検討されている。そして、「インターネット上の投稿の削除の判断基準は、名誉権やプライバシー等

の個別の人格権ごとに、個別具体的に検討する必要がある」とされる。

　SNSや掲示板などインターネット上での誹謗・中傷の書き込みをめぐっては被害を受けた人が削除を求める際に事業者側の窓口がわかりにくく、申請が難しいことなどが指摘されている。政府はこうした課題に対応するためにSNSや掲示板を運営する事業者に対し迅速な対応などを求める法律の改正案を2024（令和6）年3月に閣議決定した。

　改正案では一定規模以上の事業者に対して、①書き込みの削除の申し出を受け付ける窓口を整備し公表することや、②削除する判断基準を策定し公表すること、さらに、③削除の申し出があった場合は一定期間内に削除するかどうかを決め、その結果を通知すること、などを義務づけるとしている。事業者による自主的な取り組みの強化を図るものである。

　この改正プロバイダ責任制限法案は2024（令和6）年5月に参院本会議で可決成立した。自主規制の強化が求められることになった。

　このように事業者による自主的な取り組みに多くを委ねている日本に対し、世界では政府がSNS規制の法律をつくるなどの例が相次いでいる。

　例えば、ドイツでは2017年にSNS上のヘイトスピーチなど、現行法で禁止された表現の削除をSNS事業者に義務づける「SNSでの法執行を改善するための法律」（いわゆるSNS対策法）が成立した。翌2018（平成30）年1月から本格運用されている（鈴木秀美「ドイツのSNS対策法と表現の自由」慶応大学メディア・コミュニケーション研究所紀要No.68（2018. 3）1〜12頁等を参照）。

　対象となる事業者はドイツ国内に200万人以上のユーザー登録のプラットフォームで、Twitter（現X）、Facebook（現Meta）、YouTubeなど約10社である。SNS対策法はこれらのSNS事業者に対し違法内容を削除する義務、苦情対応の手続を整備する義務、3半年毎に苦情対応の状況を報告する義務を課している。義務に違反した場合の過料も規定している。

　SNS事業者は利用者から違法情報の苦情を受けたときはその違法性を判断し、明らかに違法な場合は24時間以内に削除するか、ドイツ国内から

のアクセスを制限しなければならない。明らかに違法とはいえない場合も7日以内に違法性を判断し、違法であれば削除またはアクセス制限しなければならない。

SNS対策法の監督はドイツの連邦司法庁である。司法庁は効果的な苦情処理を全く行わない、あるいは適切に行わない法人の事業者に対し最大5000万ユーロ（約60億円）の過料を科すことができる。

フランスでも2020年5月にネット上の有害コンテンツを通報から1時間以内に削除を求める法律が可決された。投稿者には最大1年の実刑または最大200万円の罰金が課せられる。

インターネット上の人権侵害情報の規制についても内外の差は大きい。日本政府が事業者の自主規制にもっぱら委ねているのは表現の自由を重視しているからというわけでは決してない。国際化がますます進むなかで、そして、インターネットには国境がないなかで日本のやり方は国際的に通用するのだろうか。

インターネット上の人権侵害条例の法規制を巡る内外の大きな落差を埋めるのも包括的な差別禁止法の役割ということになる。日本では、インターネット上の誹謗中傷の投稿等をめぐる削除の判断基準については、名誉権やプライバシー等の個別の人格権ごとに個別具体的に検討する必要があるとされており、この狭い理解が法規制の大きな壁になっているからである。

（うちだ・ひろふみ）

司法の現場からの声

日弁連の人権擁護活動に取り組んでいる弁護士の立場から

藤原 精吾

（弁護士）

1，　障害者、ハンセン病、ＬＧＢＴＱ、外国人、部落、アイヌ、水俣病、被爆者、見た目、ＨＩＶ、自死遺族、女性などに対する偏見や差別がいまだに続いている。国はその解消を建前として唱えているが、実際には有効な手立てが講じられないまま、被害者の苦しみは続いている。差別からの救済と、少数者が差別を受けず、個人としての尊厳が守られる社会を作らねばならない。そのために「差別禁止法」の制定で、あらゆる不合理な差別を禁止することが、必要である。すでに障害者差別解消推進法、「部落差別解消推進法」「ヘイトスピーチ解消推進法」などがあるが、罰則はなく、裁判などその救済の道は限られている。

2，　すでにほかにも幾つかの個別立法では差別禁止が決められている。今回の差別禁止法は特定の分野に留まらず、すべての分野を包括する差別禁止法を併存させることにより、救済の範囲を広げるとともに、新たな事態に対応することができる。

3，　「救済のないところ、人権はない」と言われる。差別禁止法を実施し、差別を受けた人を救済し、差別が起こらないようにするためには、人権救済などの役割を担う公的機関、「政府から独立した人権機関」の設立が急務である。

　国は「らい予防法」という法律によって、家族と社会から隔離し、人生を丸ごと奪うという深刻な人権侵害を行なってきた。国会は少数者の人権を顧みず、法律を作り、行政は何の疑問も抱かず実施し、社会はこれに染められた。「優生保護法」は2024年7月に最高裁が判決で「立法の当初から違憲の人権侵害」と断じた。この法律も、国会議員が全会一致で制定し

障害者差別をオーソライズした。このような公権力による差別を二度と繰りかえさせない取り組みが求められている。

4, 公権力が行なう人権侵害は、私人が行なうものよりも、ずっと広く根深い。被害も広く深刻であり、その数も多い。法律や行政による人権侵害は、警察や入管で行なわれる人権侵害事件を見れば、被侵害者が声を上げることが困難であり、侵害があってもその違法性を認めさせることは困難である。差別の禁止と並んで、公権力による人権侵害からの救済と再発の防止は人権の保護、尊重し進展を求める者にとって最大の課題である。国内人権機関の設立に関する「パリ原則」がその第一に「政府からの独立性」を求めているのは、これを念頭においている。

公権力による人権侵害は、(1) 法律制度による人権侵害、(2) 警察活動による人権侵害、(3) 刑務所・拘置所・入管収容所など拘禁施設における人権侵害、(4) 行政権力の違法な行使による人権侵害、(5) 司法の不適切な判断による人権侵害などがある。

5, 世界では現在、国内人権機関世界連合によって、パリ原則を充すと認証を受けた人権機関が118活動しているのに、日本にパリ原則をみたす国内人権機関が存在しない。その早期設立が求められていることは自由権規約委員会が1998年の日本審査の総括所見において勧告を発して以来、日本に課せられた課題である。その後女性差別撤廃委員会、こどもの権利委員会はじめ多くの条約機関から同様の勧告を受け、人権理事会でも30カ国に上る国からその勧告を受けている。

取りわけ、障害者権利条約では、障害者差別の禁止と「完全参加と平等」を義務づけ、かつ条約の履行を監視するパリ原則に則った機関の設立を条約上の義務としている。しかし日本は今もこれを怠っている。去る2022年に行なわれた条約日本審査では、法務省の人権擁護行政、内閣府に置かれた障害者政策委員会が条約33条2項の監視機関であると強弁したが、委員会の審査(建設的対話)によって見破られ、日本にはパリ原則に則した国内人権機関が存在しないと指摘され、その設置を求める勧告を受けた。

2012年、民主党政権時には、「人権委員会設置法案」が国会に提出された。しかし、政権交代となり、自由民主党は「国内人権機関を作らない」ことを政策とし、それ以来凍結されてきた。

　しかし、時の政府の都合で「作らない」といえるものではない。既に世界で118の国内人権機関があり、活動している。

　人権侵害を嘆くことをやめて、差別禁止法の制定と差別被害者の救済、再発の防止、人権教育、そして政策提言を担う国内人権機関の設立を求めよう。

（ふじわら・せいご）

メディアの現場からの声

差別禁止法の制定を求める声を報じて

北野 隆一
(朝日新聞編集委員)

　この10年、人権や差別をめぐるさまざまな問題を取材するたび、差別禁止法を求める声を何度も聞き、約20本の記事で言及した。当事者たちの運動を受けてヘイトスピーチ解消法や部落差別解消推進法が成立。差別について「あってはならない」「許されない」などとうたわれた。しかし包括的に差別を禁止する法律の制定には至っていない——。そんな状況が、これまでの記事から浮かび上がってくる。

　私が書いた記事で最初に差別禁止法に触れたのは、2013年9月25日朝日新聞夕刊。ヘイトスピーチに反対する団体「ヘイトスピーチとレイシズムを乗り越える国際ネットワーク」(のりこえねっと) が結成されたことを紹介した記事だ。この年にピークを迎えていた在日コリアンに対するヘイトスピーチに対抗しようという市民グループの今後の活動の一つとして、「差別禁止法を求める運動や学習会」を進める——と書いた。

　ヘイトスピーチに反対する声は、まず野党を動かした。15年8月5日朝刊で、民主、社民両党 (当時) が国会に提案した「人種差別撤廃施策推進法案」が差別の禁止を原則としていることに触れた。

　しかし野党案は成立に至らず、代わりに自民・公明の与党提出による「ヘイトスピーチ解消法」が16年5月に国会で成立した。与党案について「禁止条項がなく実効性が弱い」と批判が出たことを、5月13日の朝刊で報じた。

　21年7月17日夕刊では作家の深沢潮さんにインタビューした。深沢さんは在日コリアンとして受けた差別の苦しみについて言及。講演で「在日コリアンは日本社会では絶対的な少数派です。差別を禁止する法律が必要で

企業からの声

企業経営の視点から「包括的差別禁止法」を考える

服部 雅幸

（東京人権啓発企業連絡会 理事長）

　現在の人権問題は、以前と比較して格段に多様化、複雑化してきています。その中でも「戦争」については、いまだにロシアのウクライナ侵略の終結目途が立たず、またイスラエルとハマスの軍事衝突もその収束点が見えていません。「戦争」は「最大の人権侵害」であるといわれており、人権問題として大きく存在しています。

　また、国内では、アウティングによる人権侵害やネット上の差別書込みが後を絶たない状況ではありますが、2023年6月「全国部落調査」復刻版出版事件裁判の東京高裁判決で、「差別されない権利」が人格権の内容として認められたことは、複雑に交叉する人権問題の解決のために求められている「包括的差別禁止法の制定」「国内人権機関の設立」に向けての大きな一歩になると思われます。さらに企業では、「LGBT理解増進法」施行や、「障害者差別解消法」の合理的配慮提供の義務化、さらには国際基準に基づく「人権の尊重」を経営基盤に据え、「ビジネスと人権」や「SDGs」へのさらなる積極的取り組みが求められています。

　ただ、これらの人権問題（差別）の解消に向けて社会が取り組んでいることは、地道な啓発活動が中心となっているのが現状です。その背景には何があるのでしょう。多様化、複雑化している人権問題（差別）に対して、それぞれ個別に対応する法律しかないことが大きな要因となっているように感じます。複雑に重複する人権問題（差別）に対して、差別の定義が明確に定まっていないことにより十分な対応ができないだけでなく、罰則規定がないことにより実質的な人権問題（差別）の解消には直結していかな

いのではないでしょうか。

　特に最近の企業を取り巻く環境においては、「ビジネスと人権」への取り組みが自社の経営基盤に影響を及ぼす大きな課題となりつつあります。中でも「人権デューデリジェンス」の確実な遂行は、会社の評価にも直結する喫緊の課題です。「人権デューデリジェンス」は、企業が関与する人権への負の影響について、特定し、分析し、評価することから始まり、その結果を企業の対処プロセスに組み込み、適切な行動をとる必要があります。そのためには、企業が日頃から直面している、部落差別、女性、外国人、障がい者、ハラスメント、LGBTQ、などの各人権問題（差別）を「人権デューデリジェンス」の中に具体的に落とし込まなければなりません。ここで「人権デューデリジェンス」として重要なことは、各人権問題（差別）の落とし込みだけではなく、適切な行動（＝人権問題（差別）の解消に向けた取り組みを行う）を取らなければならないことです。多様化、複雑化している人権問題（差別）に、現在の企業方針、日常業務での展開のみで対応していくことは難易度が非常に高くなります。そのために有効だと思われるものが「包括的差別禁止法」と「個別法」の両輪です。人権問題（差別）が複合的に発生しそうな場合や、もし発生してしまった場合であっても、車の両輪のようにそれぞれの法律に差別の定義や罰則規定が明確に定まっていることにより、その後の対応の効果に大きな期待が持てます。これは企業の「人権デューデリジェンス」運営にとって非常に重要なことです。

　これからは、企業にとって経営の基盤に人権尊重を据える時代です。また、大企業だけではなく中小企業にも求められる水準が高まっていくものと思われます。そのためにも、「包括的差別禁止法」という新たな法律の制定を絶好の機会として、企業の人権尊重への取り組みに大きな推進力を与えるものとして取り入れ、積極的に活用することが重要だと思っております。すべての企業が「あらゆる差別の解消」に向けて取り組むことが必

然であること、またスピード感をもって人権尊重に取り組むこと、を認識
し共有化するためにも、「包括的差別禁止法」の早期実現に期待しています。

（はっとり・まさゆき）

地方自治体の議員からの声

条例を活かし続ける！
ソーシャル・インクルージョンのまちづくり
～国立市人権平和基本条例 施行5年半の成果と課題～

上村 和子
(国立市議会議員)

　「国立市人権を尊重し多様性を認め合う平和なまちづくり基本条例」（以下、人権平和基本条例）が2019年4月から施行され、この条例は人権行政の土台となり、〝当事者参画〟はソーシャル・インクルージョンのまちづくりの基本となりました。2024年現在、「たとえ、首長や議会構成が変わっても今の国立の制度のままでいてください」との声が、困難を抱えた女性を支援するNPOや、しょうがいしゃ団体等連絡会から出ており、また、国立市が率先して、近隣自治体や、都、国に働きかけて、国立市の実践を広めていってほしいとの訴えも出ています。

　気候変動、地球温暖化、大災害、巨大地震、戦争、物価高騰など様々な危機が取り巻く時代だからこそ、一刻も早く、都が、国が、本気でソーシャル・インクルージョンを土台にすえた、〝共に生きる〟を保障する包括的差別禁止・人権法をつくり、そこから生まれてくる政策・施策に、財源を保障する、そういう仕組みが絶対必要だと私は訴えます。それが、憲法条の幸福追求権の実践であり、戦争を回避し、平和で、超高齢社会を助け合いながら、多様性を活かし合い、ウェルビーイングに生きられる解決策だと小さな自治体の実践から、確信しています。

国立市は文教地区、福祉のまちづくりが浸透していた

　人権平和基本条例の誕生につながっていく国立市のまちの歴史を振り返ってみると、国立市は歴史的に、敗戦後の文教地区指定に向けた活発な

110

住民運動、ユネスコ学習権宣言を基にした公民館運動、主体的なPTA活動といった社会教育活動がさかんでした。

しかし、学校教育については、2000年、日の丸・君が代の強制により、ある小学校の卒業式後に卒業生たちが、自分たちに説明なく日の丸をあげたことを校長に質問したことをきっかけに、教員の大量処分、都教委の介入、右派勢力による国立攻撃がおこり、それまであった自由な教育が弾圧されてしまいました。そこから24年たち、ようやく、男女混合名簿や性教育も復活し、フルインクルーシブ教育も始まりました。

国や都から政治的に押さえつけられる中でも変わらずあった、国立市独自の個別対応の福祉のまちづくりから人権施策を強化し、ソーシャル・インクルージョンのまちを目指すことになった流れの中で、もともとあった住民自治の空気が再生したと言えるかもしれません。

ソーシャル・インクルージョンのまちの教育は
フルインクルーシブ教育！

また、国立は重度しょうがいしゃの地域自立生活運動の歴史があります。2005年、しょうがいしゃがあたりまえにくらすまち宣言が生まれ、障害者の権利条約の精神である「私たちのことを私たち抜きに決めないで」を国立市の福祉計画策定委員会条例に先取り（私の提案でした）し、身体・知的・精神の当事者委員が入りました。そこから、国立市独自の、資格がなくてもできる地域参加型介護サポート事業が当事者からの提案で生まれ、現在大学生や多くの市民が参加しています。

永見市長の2期目のはじめに、教育大綱に、しょうがいのある子どももない子どももいっしょに同じ場で学ぶ、フルインクルーシブ教育が掲げられ、地域の学校や通常学級の包摂を目指した教育がおこなわれるようになりました。来年度（2025年度）から新校舎となる市立小学校では、エレベーターだけではなく、しょうがいしゃ団体からの声で、屋内スロープが設置されます。そのことで、身体の特別支援学校から、この学校の通常学級に

転籍してくる子どもがいます。フルインクルーシブ教育は進んでいます。

ソーシャル・インクルージョンとの出会いから、包括的人権条例が生まれるまで

　現在、まちづくりの基本にかかげられている「ソーシャル・インクルージョン」ですが、私が国立市に「ソーシャル・インクルージョンのまちづくり」を提案したきっかけは、2004年の国立市に届いた差別ハガキ事件でした。部落解放同盟国立支部から、差別を許さないという国立市としての毅然とした対応を国立市と議会とに求められ、その要請の窓口になったのが当事福祉部長であった永見理夫さん（前市長）であり、議会では私でした。

　その中で、国立市は市報に、国立支部長のチェックを通した上で、差別を許さないとのメッセージを添えた記事を掲載しました。

　私は差別事件をなくすためにどうすればいいか調べる中で、はじめて、炭谷茂さんの提唱する「ソーシャル・インクルージョン」という言葉に出会い、求めていた答えはこれだ！と思いました。そこで、議会の一般質問の中で、差別ハガキを許さないためには人権尊重教育だけではなく、ソーシャル・インクルージョンという考え方を取り入れ、人権政策の中に反映してほしいと議場で提案しました。2004年の6月議会のことです。

　それ以降、炭谷茂さんの著書『私の人権行政論～ソーシャル・インクルージョンの確立に向けて』（解放出版社、2007年）を政治のバイブルとして、ソーシャル・インクルージョンのまちづくりを議会でも訴えていきました。その後、初めてソーシャル・インクルージョンの理念が行政計画に反映されたのは、2011年にできた地域保健福祉計画からでした。だれもが当たり前に暮らすまちをつくるという目標をかかげ、それを実現するための基本的なスタンスとしてソーシャル・インクルージョンに基づく地域づくり、少子高齢化に対応したコミュニティづくりの考え方が柱となりました。

　同年に当選した佐藤一夫市長への初めての一般質問で、「ぜひ、今年中

に炭谷茂さんに来てもらって勉強してください」と要望したところ、佐藤市長は炭谷さんに会いに行き、いたく感銘と共感を抱き、人権平和施策を担当する市長室も作り、ソーシャル・インクルージョンを自らの使命とし、本気で人権行政を実現していきました。

佐藤市長は病により2016年の12月に亡くなりましたが、その継承として副市長をつとめていた永見さんが市長になって初めての2017年3月議会では、永見市長から人権に関してまとめた総合的な条例がないので作りたいとの答えがあり、そこから、国立市人権平和基本条例の制定作業が始まったわけです。国において、人権を守る法律も救済のしくみもないという根幹的問題に対し、総合的な人権に関する条例をつくりたいという、永見市長の人権に関する姿勢は先見の明があったと思います。

現実にこの5年半の中で、国立市の人権施策は大きく発展しました。国立市の800ほどある全事務事業の内部評価の項目にソーシャル・インクルージョンが入っています。毎年、全ての担当はこの視点での評価をしなくてはなりません。

条例は全ての施策の土台となり、人権施策を発展させた

2020年冬から始まったコロナパンデミックの3年間も、条例は生き続け、市民を支え続けました。ソーシャル・インクルージョンは危機になればなるほど、力を発揮するという証明ができたと思っています。

生活保護課では、派遣村や生活保護利用者の声を聞きながら、生活保護のしおりを見直しました。新しくなったしおりには憲法13条が書かれ（従前は権利より義務の方が前面に出ていました）権利としての生活保護について詳しく書かれました。

さらに、困難を抱える女性の支援に関しても、国立市で生まれた女性支援NPOと連携し、まだこの国にはなかったパーソナルサポートを国立市独自でつくり、女性支援新法がめざす、先駆的モデルとなりました。テレビで注目されると、全国から助けを求めて国立市にやってくる女性が増え、

同時に厚労省や全国の自治体議員からの視察もラッシュです。しかし、それを制度として認め、公的補助の対象には国も東京都もできていません。女性の人権の視点での包括的支援はまだまだこの国にはないのです。

　しょうがいしゃに目を転じても、しょうがいしゃがあたりまえに暮らすまち宣言をおこない、ソーシャル・インクルージョンのまちづくりの中で、24時間365日地域在宅保障を実現している国立市は、重度のしょうがいしゃに適用されている重度訪問を利用して暮らしているしょうがいしゃの人口比は都内（ということは全国）でも断トツのトップです。これもしょうがいしゃの権利条約の精神である、当事者のことを当事者抜きに決めない！という当事者参画のしくみが発展してきたからだと思っています。

　また、女性と男性及び多様な性の平等参画推進条例に基づく、セクシュアル・マイノリティの人権についても、当事者参画による職員研修、パートナーシップ条例などにより、当事者団体が策定しているプライド指標で2023年、2024年と連続してゴールドを受賞しました。2023年は自治体としては初めての受賞でした。

　2024年現在、こども基本条例を制定中ですが、多くのこどもたちの話を聞きに担当課は積極的に回りました。その中で朝鮮学校のこどもたちの声を聞くのみならず、親しくなりたいと国立市役所職員の有志チームと朝鮮学校のサッカー部が親善試合をおこない、終了後には、朝鮮学校の先生たちと校庭で焼き肉を一緒に食べながら懇談しました。

条例に基づいた基本方針をつくる

　この間、条例第16条に定める審議会（炭谷茂さんを座長として、国の部落差別解消法の対象となる部落解放同盟から１名、障害者差別解消法の対象となる重度の身体しょうがいしゃ１名・介護者２名と代弁者1名を含む、ヘイトスピーチ解消法の対象となる在日コリアン、朝鮮学校のオモニ（母親）、計3名の当事者委員が入っている。「人権・平和まちづくり審議会」と称している）が、市長の諮問を受け、活発に調査、議論を重ね、条例第

9条にある基本計画の基となる国立市人権・平和のまちづくりの総合的な推進を図るための基本方針をつくりました。期間は2024年度〜 2029年度の6年間とし、この間の国立市の全施策を実施する上での土台に位置付けられました。

その方針には、SNSによる差別、婚外子差別等も付け加えられ、まさしく包括的差別禁止条例と言えます。

そして、その推進力となっているのが、国立市の基本計画にも、国立市議会基本条例にもかかげられている「ソーシャル・インクルージョン」で、ソーシャル・インクルージョンの定義も「全ての人を社会的孤立や排除から守り、社会の一員として包み支え合うこと」と明記されています。

さらに「今もなお、人種、皮膚の色、民族、国籍、信条、性別、性的指向、性自認、しょうがい、疾病、職業、年齢、被差別部落出身その他経歴等を理由とした不等な差別や暴力等の人権侵害が存在し、日常の暮らしの脅威となっている」と具体的な差別の現実をのべ、「そこで、国立市、そして国立市に暮らす私たちは「人権侵害を許さない」という強い意志とソーシャル・インクルージョンの理念の下、一人一人が当事者として、自ら主体的に行動し、互いの多様性を認め合い、人権を尊重することによって平和なまちを実現すること（以下「人権・平和のまちづくり」という。）を目指して、たゆまぬ努力を続けることを決意し、この条例を制定する」との決意をのべています。

さいごに

国立の人権平和基本条例が生き続けているのは、その具現化であるソーシャル・インクルージョンのまちづくりを不断に実践し続けようとする市長、部課長、職員の人権行政があり、当事者及び支援団体の参画と協働があるからだと私は思っています。

しかし、それを実現するためには、国の制度がそこまで追いついておらず、結果、国立市の負担が増えます。

また、現在、国立市は市長が教育大綱で掲げたフルインクルーシブ教育（しょうがいのある子もない子も同じ場で学ぶ。地域の学校の通常学級の包摂を目指す）を進めていますが、そこにおいても、「マジョリティ」に対する、誰も排除せず、共に生きるという人権の共有をはかることが重要な課題となっています。

　さまざまな危機が周りにあふれる中、社会に不寛容な空気が満ちてきました。その中で、沸き上がる不安や怒りのほこ先が、社会的弱者にむけられる危険性は高まっています。マジョリティが体勢化し翼さん化するおそれが出てきています。今こそ、現憲法で獲得した地方自治の力を発動し、国の政治にブレーキをかけ、人権を守るしくみを地域・生活の場から求めていくことが必要です。そのことを実現するために、全ての人の人権が守られ、差別・排除を許さず、平和な日常が保障される、包括的差別禁止法の制定を強く求めます。国会議員は与野党を越えて、本気で取り組んでください。強く要請します。

（うえむら・かずこ）

第3部

「すべての人の無差別平等の実現に関する法律（案）」とは

差別禁止法 Q&A

Q1 どのような発言や行為が、差別になるのですか？

A 　諸外国の差別禁止法では、「**差別事由**」による規定と「**分野**」による規定があります。本法案では、「信教、信条、政治的意見、人種、皮膚の色、民族、国籍、性別、性的指向、性自認、障害、疾病、職業、年齢、被差別部落出身その他経歴等に基づく」（差別事由）、「政治的、経済的、社会的、文化的その他のあらゆる公的生活の分野」（分野）」における、区別・排除・制限・優先などを「差別」としました。

　また、差別には、直接的な差別行為の他に、「**間接差別**」「**関連差別**」「**複合差別**」「**合理的配慮の否定**」「**ハラスメント**」なども含みます。

Q2 何が差別にあたるのかということを誰がどのように判断するのですか？

A 市民からの訴えにもとづき、調査し、差別かどうかを判断する公正で中立的な機関が必要です。本法案では「**人権委員会**」がそれにあたり、この機関が差別に関する判断をします。

また「人権委員会」には、人権相談や被差別当事者への救済措置、さらには人権政策に関する政府への提案活動なども期待されます。

人権委員会は、公正取引委員会のように、政府から独立した組織であることが望まれます。なぜなら、時には国家が差別をしてしまう場合もあるからです。人権委員会の独立性に関しては、1993年に国連で採択された「国内人権機関の地位に関する原則（パリ原則）」でも述べられています。

Q3 自由な意見が言えなくなったり、表現の自由が奪われないでしょうか？

A 大阪市のヘイトスピーチ規制条例が表現の自由を保障する憲法に反するとして提起された訴訟で、最高裁は、2022年2月15日、裁判官5人の全員一致した意見で、「人種や民族などへの差別を誘発するような表現活動は抑止する必要性が高い」「条例で制限される表現活動は、過激で悪質性の高い差別言動を伴うものに限られており、表現の自由の制限は必要やむをえない限度にとどまる」として、憲法に違反しないと判断しました。

憲法に定められている「**差別されない権利**」や「**個人の尊厳**」が保障されることは前提であり、「**差別する**」自由はないのです。

Q4 差別は禁止するのではなく、教育や啓発でなくしていくべきではないでしょうか？

A 「差別禁止法」の目的はあくまでも差別の完全撤廃です。悪質な差別には厳しく対処することが求められますが、罰することが法律の目的ではありません。期待されるのは、**「差別は許されない」という社会的規範の確立による大きな啓発効果**です。人を傷つけたり、人の物を盗ったりしてはいけないのと同じように、人を差別してはいけないことが、個人の道徳性や倫理観にとどまるではなく、守らなければならない**「共通のルール」**として市民に共有されるという啓発効果が「差別禁止法」の制定に期待されます。

Q5 個別の差別禁止法を積み重ねていけばよくて、包括的な禁止法はいらないのではないでしょうか？

A 個別の差別禁止法の役割は大きなものがあります。だからといって、包括的な差別禁止法がいらないということにはなりません。たとえば、あるマイノリティ差別が別のマイノリティ差別につながっていく**「差別の連鎖」**の問題や、あるマイノリティ差別と別のマイノリティ差別が複合的に重なり合う**「複合差別」**の問題などがあり、個別の差別禁止法だけでは対応が難しいのです。

個々のマイノリティ差別に特有の問題については個別の差別禁止法で対応し、すべてのマイノリティ差別に共通の事柄については包括法で規定するということが望ましいです。

Q6 マイノリティの中にも差別禁止法に反対をしている人もいますが？

A 法は、相異なる2つの顔をもちます。国民、市民の命と暮らしを守るという顔です。もうひとつは、国の誤った政策を根拠づけ、当事者に数々の人権侵害を引き起こすという「悪法」の顔です。「悪法」によって人権を著しく侵害され、過酷な差別被害を被ったマイノリティの方々の中には、法に対する強い不信感をお持ちの方もおられます。「差別禁止法」と聞くと、この法に対する不信感が呼び覚まされ、強い拒絶反応を示される方もおられます。

しかし、いまや、私たちは、「悪法」に対しては、違憲の訴訟を裁判所に提訴し、違憲判決を得て、**「悪法」を廃止させる**ことができます。国民、市民の命と暮らしを守る顔に法を向けさせることができます。差別禁止法もそのような法なのです。

Q7 人権は対立する場合が多く、人権が対立した場合どうすればよいでしょうか？

A 人間は「社会的動物」といわれます。共同生活を営むことによって発展してきたからです。混乱を生じさせないようにするためにこの共同生活にはすべての人が守るべき「共通のルール」が必要不可欠となります。この「共通のルール」を具体的に提示するのが法の役割ということになります。人権が対立する場合、この**共通のルール**にのっとって調整されることになります。

この調整で大事なことは、一方の人権だけが擁護され、他方の人権は排除されるというようなことがないようにすることです。そのために、日本国憲法第14条第1項は、「すべて国民は、法の下に平等であつて、人種、信条、性別、社会的身分又は門地により、政治的、経済的又は社会的関係において、差別されない。」と規定しています。この規定を保障するのが差別禁止法です。

Q8 人権に対する忌避感が強まっているのはどうしてでしょうか？

A 子どもの権利条約の実施状況に関する日本政府の第3回報告を審査していた国連子どもの権利委員会は、2010年5月、最終所見を採択し、日本の教育制度が「高度に競争主義的」であるとし、「いじめ、精神的障害、不登校・登校拒否、中退及び自殺」につながることを懸念すると述べました。事態は改善の方向に向かうどころか、ますます深刻化しています。このような過度に競争主義的な教育環境の中で、人権は「勝ち組の武器」だという認識が子どもの中に生まれています。大人にも広がっています。

122

しかし、この認識は正しくありません。人権の核心の一つは「**法の下の平等**」にあるからです。**弱い立場にある人の人権こそが守られなければなりません**。それを実現しようというのが差別禁止法なのです。

Q9 差別だと判断されたらどのような罰則を受けるのですか？

A 問題となるのは拘禁刑や罰金です。拘禁刑とは刑事施設に拘禁するだけでなく、改善更生を図るため、必要な作業を行わせ、または必要な指導を行う刑罰です。有期は1月以上20年以下ですが、例えば、名誉棄損罪の場合は3年以下とされています。罰金は1万円以上の金額の剥奪を内容とする刑罰で、名誉棄損罪の場合は50万円以下とされています。刑事手続では、犯罪を行った疑いは十分にあると判断され、起訴の要件などが整っていたとしても、犯人の性格、年齢及び境遇、犯罪の軽重、犯罪の情状、犯罪後の情況などから、検察官の裁量によって起訴しないことが認められています。悪質な差別で、行為者が真摯に反省していない場合などに起訴されることになります。名誉棄損罪の起訴猶予率は概ね68.8%です。

起訴されるとほぼ有罪判決が言い渡されますが、拘禁刑の場合は初犯で真摯に反省している場合などは刑の執行が猶予される可能性が大きいと言えます。

差別禁止法の罰則も、処罰のためのものではなく、差別を防止するためのものです。

123

Q10 学校教育や人権相談はどのように変わるのでしょうか？

A 人権確立や差別解消にかかわる教育・啓発、相談などの規定の整備や取り組みの推進は、各自治体の裁量に委ねられているのが現状です。そのため、人権教育・啓発や人権相談に、熱心に取り組んでいるところと、あまり取り組んでいないところがあるといったように、自治体間の取り組みの温度差がみられます。

市民はどこにいても差別を受ける可能性があるにもかかわらず、差別被害への対応が自治体によって異なるのです。

国が法律を定めることで、人権確立、差別解消に向けた取り組みが全国一律に進められ、**自治体間の取り組みの温度差が解消**されることが期待できます。さらに、法律の「上乗せ」「横出し」を地域の実情に応じて、条例に反映させることも重要です。

Q11 差別を受けた場合、具体的にどのような救済や支援をしてもらえるのですか？

A 差別による被害を受けたり、受けるおそれがあるときは、その申し出により、**人権委員会**が、その被害の救済または予防のための措置を取ります。

具体的には、下記のような措置です。

・当該事案に関する調査

・申出者への助言や関係機関の紹介

・差別行為・差別言動をした者に対する説示・勧告　など

Q12 どうすれば包括的な差別禁止法を制定することができるのでしょうか?

A 法律をつくるにあたっては、なぜその法律が必要であるのかという事実を具体的に明らかにする必要があります。こうした事実を**立法事実**と呼びます。差別禁止法の場合には、現に生じている差別の現実がこれにあたります。しかもそれを社会的に明らかにし、第三者がこうした事実を認識できるように示さなければなりません。

そのためには、被差別当事者が自らの悔しい思いやつらい体験を一つひとつ明らかにし、差別の現実をつまびらかにすることが求められます。しかしこの作業は簡単に進むものではありません。当事者が被差別の事実を告発するということは、とりもなおさずカミングアウトすることを意味しており、差別が厳しければ厳しいほど、様々な困難が伴うからです。一人では困難です。当事者が手を携えて、差別の現実を社会に訴える必要があります。

しかし、それだけでは十分ではありません。法律の制定を実現するためには、多くの市民が「差別禁止法を制定せよ!」という声をあげることが必要です。私たちは、ある差別問題については加差別当事者だが、別の差別問題では被差別当事者であるということも稀ではありません。**一人ひとりが差別の問題を自分事として引き受け、「差別は許されない」という世論を形成**していくことが求められます。

Q13 日本では国内人権機関が設置されていませんが、世界の状況はどうでしょうか？

A 「国内人権機関世界連合（GANHRI）」が定期的に世界における国内人権機関の設置状況をウェブサイトで公開しており、2024年11月現在、世界では118の国・地域において国内人権機関が設置されています。また、GANHRIでは、人権機関が「国内人権機関の地位に関する原則（パリ原則）」に適合しているかどうかA（完全にパリ原則に適合）、B（部分的にパリ原則に適合）と評価を行っています。現在、A認定の国・地域は91、B認定の国・地域は27となっています。（ここではB認定を（B）と表記。出典はGANHRIのHP　https://ganhri.org/membership/より）

アフリカ　(32　A…27　B…5)

アルジェリア（B）、ベナン、ブルンジ、カメルーン、コンゴ（B）、コートジボワール、コンゴ民主共和国、エジプト、エチオピア、ガンビア、ガーナ、ケニア、リベリア、リビア（B）、マダガスカル、マラウイ、マリ、モーリタニア、モーリシャス、モロッコ、ナミビア、ニジェール（2023年10月に停止）、ナイジェリア、ルワンダ、セネガル（B）、シエラレオネ、南アフリカ、タンザニア、トーゴ、チュニジア（B）、ウガンダ、ザンビア、ジンバブエ

アメリカ大陸　(18　A…15　B…3)

アルゼンチン、ボリビア、カナダ、チリ、コロンビア、コスタリカ、エクアドル、エルサルバドル、グアテマラ、ハイチ、ホンジュラス、メキシコ、ニカラグア（B）、パナマ（B）、パラグアイ、ペルー、ウルグアイ、ベネズエラ（B）

アジア太平洋地域　(29　A…18　B…11)

アフガニスタン（2022年7月に停止）、オーストラリア、バーレーン（B）、バングラデシュ（B）、フィジー（B）、インド、インドネシア、イラク、ヨルダン、カザフスタン（B）、キルギス（B）、マレーシア、モルディブ（B）、モンゴル、ミャンマー（B）（2023年10月 – 認定資格解除勧告）、ネパール、ニュージーランド、オマーン（B）、パキスタン、パレスチナ、フィリピン、カタール、韓国、サモア、スリランカ、タジキスタン（B）、タイ、東ティモール、トルクメニスタン（B）、ウズベキスタン（B）

ヨーロッパ　(39　A…31　B…8)

アルバニア、アルメニア、オーストリア、アゼルバイジャン（B）、ベルギー（2カ所のうちいずれもB認定）、ボスニア・ヘルツェゴビナ、ブルガリア（2カ所のうち1カ所B認定）、クロアチア、キプロス、デンマーク、エストニア、フィンランド、フランス、ジョージア、ドイツ、イギリス、ギリシャ、ハンガリー（B）、アイルランド、ラトビア、リトアニア、ルクセンブルク、モルドバ、モンテネグロ（B）、オランダ、北アイルランド、北マケドニア（B）、ノルウェー、ポーランド、ポルトガル、セルビア、スコットランド、スロバキア（B）、スロベニア、スペイン、スウェーデン（2カ所のうち1カ所B認定）、トルコ（B）、ウクライナ

(Q1 ～ 13　回答：差別禁止法研究会)

「すべての人の無差別平等の実現に関する法律（案）」の特徴

差別禁止法研究会

差別禁止法研究会について

　2007年9月、千葉県の障害者差別禁止条例（障害のある人もない人も共に暮らしやすい千葉県づくり条例）の制定に勇気づけられ、有志による差別禁止法の勉強会が立ち上がりました。勉強会は4年間の取り組みを経て2011年6月、「差別禁止法の制定を求める市民活動委員会」へ発展、被差別当事者との連帯を重視し差別禁止法の制定を求める情報発信に取り組んできました。市民活動委員会の取り組みを実質的に引き継ぐ形で、一般社団法人部落解放・人権研究所の研究会として「差別禁止法研究会」が2013年9月に設置され、内田博文・九州大学名誉教授に研究会代表に就任いただきました。

　研究会は諸外国の差別禁止法の研究、立法に際しての論点整理、差別実態の調査や判例の研究などを経て、2020年10月に「差別禁止法要綱案（骨子案）」を作成、さらに被差別当事者との共同研究を経て2022年3月に「すべての人の無差別平等の実現に関する法律（案）」（包括的差別禁止法案）を発表しました。

法案の名称

　法案の名称は、当初、「障害者差別解消法」「ヘイトスピーチ解消法」「部落差別解消推進法」にならって「社会的少数者の差別の解消の推進に関する法律案」としていましたが、包括的差別禁止法が社会的少数者のための法律ではなく、日本国憲法の理念にのっとり差別のない社会づくりを実現

するというすべての人にかかわる法律であるという思いを込めて「すべての人の無差別平等の実現に関する法律（案）」としました。

法案の特徴①
差別の包括的定義

法案は「社会的少数者に対する差別」について「信教、信条、政治的意見、人種、皮膚の色、民族、国籍、性別、性的指向、性自認、障害、疾病、職業、年齢、被差別部落出身その他経歴等に基づく、あらゆる区別、排除、制限又は優先であって、政治的、経済的、社会的、文化的その他のあらゆる公的生活の分野における平等の立場での人権及び基本的自由を認識し、享有し若しくは行使することを妨げ又は害する目的若しくは効果を有する行為若しくは言動をいう」と包括的に定義しています。こうした差別には「間接」「関連」「複合」差別、「合理的配慮」の否定、ハラスメントなどあらゆる形態の差別を含むとし、これらの定義については差別に係る実態調査等の結果にもとづいて必要な見直しを行うことも明記しました。

法案の特徴②
個別差別禁止法と包括的差別禁止法は車の両輪

法案では、個別差別禁止法か包括的差別禁止法かという二者択一でなく、両者は「車の両輪」であるという理解にもとづき、障害者差別、ヘイトスピーチ、部落差別など個別の差別についての独自具体的な定義について、個別の差別禁止法による上乗せ・横出しを認める明文規定を置いています。

法案の特徴③

差別禁止と人権侵害救済を一体として規定

差別禁止法と被害救済法は対立するものでも二者択一のものでもありません。前者は差別の禁止に関わる実体法で、後者は組織法で両者は差別のない社会を実現するという共通の目標を持ちながら互いに補完し合う法律です。組織法の中核をなすのは、人権委員会の設置です。人権委員会は、差別や人権侵害の訴えを受け止め、これを調査し被害者を救済するとともに、是正措置を講ずる機関です。人権政策に関する提案権も付与されるこの組織は政府から独立し迅速に対応できる独自の予算とスタッフを持った機関であることが求められます。

法案の特徴④

人権教育・啓発、人権相談の改善

障害者差別、ヘイトスピーチ、部落差別に関する差別解消三法では、人権教育・啓発の推進、人権相談の充実、被害実態調査の実施が差別解消のための施策の3本柱となっています。この点も「共通のルール」化し、包括的な差別禁止法の規定に委ねることが妥当だと考えます。包括的な差別禁止法をつくるということは単なる「共通のルール」化にとどまるものではありません。差別解消三法では、人権教育・啓発の推進、人権相談の充実にあたって既存の取り組みや体制を活用するという考え方になっています。既存の取り組みや体制の充実にとどまらず、差別解消に実効性のある人権教育・啓発、人権相談の改革を実現するところに包括的差別禁止法をつくる意義があります。

法案の特徴⑤

被害実態調査に基づく循環サイクル

　ハラスメントやLGBTQなど人権は進化を続けています。こうした進化に法律が対応できるようにする必要があります。法案では何が「差別」で、何が「差別被害」にあたるのかを絶えず見直し、この見直しを法律に反映させる規定を盛り込んでいます。ヘイトスピーチ解消法や部落差別解消推進法では、差別実態の調査の実施について規定が置かれていますが、差別実態に関する調査の結果をふまえ法律を見直すという「循環サイクル」についての規定はありません。インターネットを悪用した差別や人権侵害が急増しているように、新たな差別や人権侵害に対応できる差別禁止法でなければなりません。

法案の特徴⑥

罰則の活用

　差別禁止の実効性を担保するために罰則を科すようにすべきという意見がありますが、罰則には副作用の面もあります。日本国憲法がうたう罪刑法定主義、明確性原則等が適用されるために、罰則を科すためには処罰される差別を明確に法律で限定する必要があります。そうすると「法の網」をかいくぐる差別、「やってもかまわない」差別があらわれることが危惧されます。罰則の担保には手続の問題もあります。神奈川県川崎市では、ヘイトスピーチに刑罰を科す全国初の条例が2019年12月に制定されました。罰則の対象となる行為を厳格に絞り込み、対象となる行為をした団体が再び同様の行為をしようとしたときには、市長は中止を勧告します。勧告に違反した団体が再び行為に及びそうなときは、市長は中止を命令します。命令に違反すると、市長は氏名等を公表し、捜査当局に告発し、起訴され、刑事裁判で有罪が確定すると罰金が科されるという仕組みです。

法案の特徴⑦

自治体条例による上乗せ・横出し

東京都国立市の「国立市人権を尊重し多様性を認め合う平和なまち基本条例」（2019年4月施行）など、包括的な差別禁止条例の制定に取り組む自治体もではじめています。同条例では「何人も、人種、民族、国籍、性別、性自認、障害、職業、被差別部落出身などを理由に差別をおこなってはならない」と明記するとともに心身への「いかなる暴力も行ってはならない」と禁止しています。条例に罰則は設けられていませんが、市長の付属機関として「人権・平和のまちづくり審議会」が設置され、その役割として、差別解消のための基本方針や計画、人権救済措置について調査・審議し、答申することなどが盛り込まれています。差別の解消のためにはこうした地域の実情に応じた条例の制定が重要です。包括的な差別禁止法の制定にあたって、地域の実情に応じて差別禁止条例の制定ができる規定を設けています。

法案の特徴⑧

当事者参加の保障

"Nothing about us without us"（私たちのことをぬきに私たちのことを決めるな）。国連障害者の権利条約の採択にあたって世界の障害者が掲げたスローガンです。21世紀の人権は「当事者による当事者のための当事者の人権」といわれています。個別の差別禁止法によってカバーされない被差別当事者の当事者参加を保障するためにも、包括的な差別禁止法において当事者参加の保障を規定する必要があります。法案では国、地方公共団体は差別解消の施策の実施にあたって、当事者の意見を反映させるために必要な措置を講ずることを義務づけています。

法案の特徴⑨

国際水準の人権委員会の設置

　包括的な差別禁止法を制定する重要な目的のひとつは、差別被害の救済、再発防止、被害者の名誉・権利の回復を中核的に担う機関として、国連のパリ原則に基づく国内人権機関を設置することです。法案では「差別による被害を受け、又は受けるおそれのあるときは、人権委員会に対し、その旨を申し出て、当該被害の救済又は予防を図るための適当な措置」を求めることができるとし、「人権委員会設置法案」や「川崎市差別のない人権尊重のまちづくり条例」などを参考に、人権委員会が行う調査や救済措置、訴訟参加について規定しています。

　法案により設置される人権委員会には準司法的権限が付与されるため、この任務を担当する人権審判所を人権委員会内に設置することにしています。人権委員会は国際的な認証機関の認証を受けることとし、A認定（完全にパリ原則に適合）をめざすことが課題となります。

すべての人の無差別平等の実現に関する法律（案）

目次

第1章　平等のための規定（第1条−第5条）
第2章　差別を解消するための措置（第6条−第11条）
第3章　人権委員会（第12条−第27条の2）
第4章　被害救済及び名誉・権利回復のための手続（第28条−第45条の2）
第5章　雑則（第46条−第49条）

前文

　世界人権宣言の第1条は、「すべての人間は、生れながらにして自由であり、かつ、尊厳と権利とについて平等である。人間は、理性と良心とを授けられており、互いに同胞の精神をもって行動しなければならない。」と謳っている。日本国憲法第14条第1項も、「すべて国民は、法の下に平等であつて、人種、信条、性別、社会的身分又は門地により、政治的、経済的又は社会的関係において、差別されない。」と規定している。

　しかし、社会的少数者に対する差別（マイノリティ差別）は今も数多く見られる。社会的少数者に対する差別問題の特徴は、加害に気づかない加害者が多数いることである。被害者に寄り添うのではなく、加害に与する市民と専門家というのも、社会的少数者に対する差別問題の特徴である。マイノリティ差別の被差別当事者が異口同音に語るのは、被差別被害を声にすることの困難さである。声にすると激しい社会的バッシングを受けることになるためである。

　足を踏まれた人は痛みを肌で感じるのに対して、他人の足を踏んだ人は痛みを感じない。そのために、他人の足を踏んだことに気づかない場合が少なくない。社会的少数者に対する差別問題の場合もこれに似ている。加

差別者はそのことを認識していない場合が少なくない。学ぶことによってはじめて自らが加差別者であることに気づく。この学びの根拠となるのが差別禁止法である。

　差別禁止法を制定する目的は、いうまでもなく社会的少数者に対する差別を完全になくし、すべての人に対する無差別平等の実現を図ることである。

　そのためには、悪質な差別には厳しく対処することが求められる。しかし、処罰することが本法を制定する目的ではない。期待されるのは、差別は社会的に許されないという規範を確立することによる大きな啓発効果である。人を傷つけたり、人の物を盗ったりしてはいけないのと同じように、人を差別してはいけない。そのことを、個人の道徳性や倫理観を超えて守らなければならない「みんなの約束」、「共通の基準」として市民に共有されるようにする。これが本法の制定に期待される啓発効果である。その意味で、差別禁止法は日本国憲法第14条の保障する「法の下の平等」の実現にとって不可欠の法律といえる。

　それだけではなく、民主主義の確保にとっても必要不可決な法律である。社会的少数者に対する差別は放火罪に譬えることができる。放火罪とは、火力によって建造物その他の物件を焼損して、公共の危険、すなわち不特定または多数人の生命、身体、重要な財産に対し危険を生じさせる罪である。社会法益に対する罪の一種であり、公共危険犯と呼ばれ、重罰で臨まれている。社会的少数者に対する差別は、ナチスドイツのユダヤ人差別等に見られるように、民主主義に対する公共危険犯という性格を有する。民主主義を内側から破壊する危険性を内蔵している。社会的少数者に対する差別を防止し、この危険から国、社会を守ることも本法の意義である。

　平等な人々の中での平等な人々としての人格を尊重するという理念に基づいて、ここに同法を制定する次第である。

［解説］
　前文では、キーワードとして「社会的少数者」という語を使用し、本法

を制定する必要と意義を「啓発効果」という観点から詳述しています。

　1992年12月18日国連第47回総会決議47/135「民族的又は種族的、宗教的及び言語的少数者に属する者の権利に関する宣言」（少数者の権利宣言）は、第2条第1項で、「国民的又は種族的、宗教的及び言語的少数者に属する者」をもって「少数者に属する者」というと定義しています。そして、この少数者の権利について、次のように定めています。

第2条第5項　少数者に属する者は、その集団の他の構成員及び他の少数者に属する者との自由かつ平和的な接触、並びに、自己が国民的若しくは種族的、宗教的又は言語的紐帯によって関係を有する他国の市民との国境を越えた接触を、いかなる差別もなしに樹立しかつ維持する権利を有する。

第3条　少数者に属する者は、個別的に及びその集団の他の構成員と共同して、いかなる差別もなしに、その権利（この宣言に定める権利を含む。）を行使することができる。

2　この宣言に定める権利の行使又は不行使の結果として、少数者に属する者に対しいかなる不利益をも生じさせてはならない。

第4条　国家は、少数者に属する者がそのすべての人権及び基本的自由を、いかなる差別もなしにかつ法の前で完全に平等に、充分かつ効果的に行使できるよう確保するために必要な場合には、措置をとらなければならない。

2　国家は、少数者に属する者がその特性を表示しかつその文化、言語、宗教、伝統及び習慣を発展させるのを可能とする有利な条件を創出するために措置をとらなければならない。ただし、特定の活動が国の法律に違反しかつ国家基準に反する場合には、この限りではない。

3　国家は、少数者に属する者が可能な場合にはその母語を学び又はその母語を教授する充分な機会を得るように適当な措置をとるものとする。

4　国家は、適当な場合には、その領域内に存在する少数者の歴史、伝
　　　統、言語及び文化についての知識を助長するために、教育の分野で措
　　　置をとるものとする。少数者に属する者は、社会全体についての知識
　　　を得る充分な機会を持つものとする。
　　5　国家は、少数者に属する者がその国の経済的な進歩及び発展に充分
　　　に参加できるように適当な措置を考慮するものとする。
　第5条　全国的な政策及び計画は、少数者に属する者の正当な利益に妥
　　　当な考慮を払って立案されかつ実施されなければならない。
　　2　国家間の協力及び援助の計画は、少数者に属する者の正当な利益に
　　　妥当な考慮を払って立案されかつ実施されなければばらない。

　ただし、本法にいう「社会的少数者」は、国連決議にいう「少数者」よ
りはもう少し広い意味で用いています。国策等に起因して、「国民的又は
種族的、宗教的及び言語的」理由以外の理由により社会的に少数者とされ、
差別の対象とされている者も、本法の対象としています。例えば、ハンセ
ン病患者、元患者、家族などもこれにあたります。疾病を理由とする社会
的少数者といってよいかと思われます。性的少数者なども本法にいう社会
的少数者に含まれます。日本のマイノリティ差別の特徴といえます。より
多くの人たちが社会的少数者に追いやられています。
　内閣府に設けられた障害者政策委員会の差別禁止部会は、2012年9月
14日、「『障害を理由とする差別の禁止に関する法制』についての差別禁
止部会の意見」を発表しました。意見の核心は、差別をなくすためには「共
通の尺度」が必要だという点でした。次のように説かれました。

　「ここで注意すべきは、…差別的取扱いと思われる事例が多数存在する
という現実がある一方で、多くの国民が『差別は良くないし、してはなら
ない』『障害者には理解を持って接したい』と考えているのも事実であり、
好んで差別をしているわけではないという点である。そこで、『差別はよ

くないことだ』という国民誰もが持つ考えを形あるものにして生かすためには、具体的に何が差別に当たるのか、個々人で判断することは困難であるので、その共通の物差しを明らかにし、これを社会のルールとして共有することが極めて重要となる。もちろん、実際に差別を受けた場合の紛争解決の仕組みを整えることもこの法律の目的に据えなければならないが、これも、決して差別した人をつかまえて罰を与えることを目的とするものではないのである。これらが、差別禁止法を必要とする理由である。」

このような問題意識を共有して本法を制定することを前文で記述しています。加えて、前文では、社会的少数者に対する差別が民主主義を内側から破壊する危険性を有することを明示しました。それを防止するためにも差別禁止法が必要なことを謳っています。

もとより、本法が目指すのは、平等な人々の中での平等な人々としての人格を尊重するという理念に基づいて、すべての人に対する無差別平等の実現を図ることです。その思いを込めて、名称も「すべての人の無差別平等の実現に関する法律（案）」とさせていただきました。

第1章　平等のための規定

（目的）

第1条　我が国においては、現在もなお社会的少数者に対する各種の差別が存在する。この法律は、情報化の進展に伴って差別に関する状況に変化が生じていることを踏まえ、全ての人々が等しくかけがえのない個人として尊重されるものであるとの理念にのっとり、社会的少数者に対する差別は許されないものであるとの認識の下にこれを解消することが重要な課題であることに鑑み、すべての社会的少数者に対する差別の解消及び再発防止に関し、基本理念を定め、並びに国及び地方公共団体の責務を明らかにするとともに、人権教育啓発及び相談体制の充実、差別実

態の調査等について定め、並びに人権委員会を設置して差別被害の救済、被害者の名誉及び権利回復に係る体制の整備を図ることにより、社会的少数者に対する差別の解消及び再発防止を推進し、もって差別のない社会を実現することを目的とする。

［解説］
　「差別禁止法の制定を求める市民活動委員会」は2012年５月に啓発冊子『希望の未来設計図　「差別禁止法」をつくる』(改訂版)を発行しています。その冒頭で、次のように訴えられています。

　「私たちが暮らしているこの社会には、まだまだたくさんの差別が存在しています。障害者に対する差別、ハンセン病回復者に対する差別、アイヌ民族に対する差別、部落差別、女性差別、外国人に対する差別など、これ以外にもさまざまな差別の現実があります。
　そんな差別をなくすためには、とにもかくにも『差別をしてはいけないことである』という社会のルールをつくりあげなければなりません。それが『差別禁止法』です。『えっ！　そんな法律はこれまでなかったの？』と不思議に思われるかたもおられるでしょうが、『ない』のです。」

　一部の差別については、障害者差別解消法、ヘイトスピーチ解消法、部落差別解消推進法のように禁止法が被差別当事者らの努力により制定されています。しかし、禁止法が制定されていないマイノリティ差別はまだまだ数多く残されています。女性差別もその一つです。前述の冊子の中で、次のように被差別当事者から訴えられています。

　「日本には（女性－引用者注）差別発言や言葉の暴力を裁く法律がなく、公の場で差別的な発言や言動をした政治家が失職することもありません。世界では、こうした日本の状況が驚きをもって受け止められ、国連からも、

公務員による女性に対する言葉の暴力を禁止し処罰する措置を講じるよう求める勧告が出されています。

　民法（婚外子差別、結婚年齢や再婚禁止期間の差別）や刑法（堕胎罪）など、女性を差別する法律はいまだ改正されず、強かんなどの性暴力被害は後を絶ちません。その後、婚外子差別及び再婚禁止期間については民法改正により一定の是正が図られましたが、こうした現状を変えるためには、女性差別を禁止し、加害者を罰し、被害者を救済する法律が必要です。」

　個別の禁止法がすでに制定されている差別でも、多くの課題が積み残されています。その中には社会的少数者の差別に共通しており、個別の差別禁止法で規定するよりも包括的な差別禁止法で規定する方が適当な課題も少なからず存在します。包括的な差別禁止法が必要な理由です。本条では、このような観点から、法制定の目的を定めています。個別の差別禁止法と包括的な差別禁止法とは、二者択一の関係にあるのではなく、車の両輪の関係にあります。両者が相まって、初めてあらゆる差別を防止し、被害救済及び名誉回復を図ることができます。

　当事者参加による差別の解消を謳ったことも本法の特徴です。

（基本理念）

第2条　社会的少数者に対するすべての差別の解消及び再発防止に関する施策は、全ての人々が等しく基本的人権を享有するかけがえのない個人として尊重されるものであるとの理念にのっとり、社会的少数者に対するすべての差別を解消し、差別被害を救済するとともに、被害者の名誉及び権利回復を図る必要性に対する一人ひとりの理解を深めるよう努めることにより、差別のない社会を実現することを旨として、行われなければならない。

2　国及び地方公共団体は、社会的少数者に対するすべての差別の解消及び再発防止、被害救済、被害者の名誉及び権利回復に関する施策の策定、

139

実施及び見直し等に当たっては、当事者による当事者のための当事者の人権を確保するため、被害者及びその家族又は遺族、若しくはその法定代理人や任意代理人（たとえば弁護士）及び被害者の同意を得た組織・団体との協議の場を設ける等これらの者の意見を反映させるために必要な措置を講ずるものとする。

［解説］

本条は、社会的少数者に対するすべての差別の解消に関する施策の基本理念を定めています。差別の解消及び再発防止とともに、差別被害の救済及び被害者に名誉及び権利回復を図ることがそれです。「人間回復」の重要性を訴えています。

ちなみに、国連の人種差別撤廃条約の第2条及び第3条は、次のように謳っています。

第2条

1　締約国は、人種差別を非難し、また、あらゆる形態の人種差別を撤廃する政策及びあらゆる人種間の理解を促進する政策をすべての適当な方法により遅滞なくとることを約束する。このため、

(a)　各締約国は、個人、集団又は団体に対する人種差別の行為又は慣行に従事しないこと並びに国及び地方のすべての公の当局及び機関がこの義務に従って行動するよう確保することを約束する。

(b)　各締約国は、いかなる個人又は団体による人種差別も後援せず、擁護せず又は支持しないことを約束する。

(c)　各締約国は、政府（国及び地方）の政策を再検討し及び人種差別を生じさせ又は永続化させる効果を有するいかなる法令も改正し、廃止し又は無効にするために効果的な措置をとる。

(d)　各締約国は、すべての適当な方法（状況により必要とされるときは、立法を含む。）により、いかなる個人、集団又は団体による人

種差別も禁止し、終了させる。

(e) 各締約国は、適当なときは、人種間の融和を目的とし、かつ、複数の人種で構成される団体及び運動を支援し並びに人種間の障壁を撤廃する他の方法を奨励すること並びに人種間の分断を強化するようないかなる動きも抑制することを約束する。

2 締約国は、状況により正当とされる場合には、特定の人種の集団又はこれに属する個人に対し人権及び基本的自由の十分かつ平等な享有を保障するため、社会的、経済的、文化的その他の分野において、当該人種の集団又は個人の適切な発展及び保護を確保するための特別かつ具体的な措置をとる。この措置は、いかなる場合においても、その目的が達成された後、その結果として、異なる人種の集団に対して不平等な又は別個の権利を維持することとなってはならない。

（定義）

第3条 この法律において、社会的少数者に対する差別とは、信教、信条、政治的意見、人種、皮膚の色、民族、国籍、性別、性的指向、性自認、障害、疾病、職業、年齢、被差別部落出身その他経歴等に基づく、あらゆる区別、排除、制限又は優先であって、政治的、経済的、社会的、文化的その他のあらゆる公的生活の分野における平等の立場での人権及び基本的自由を認識し、享有し若しくは行使することを妨げ又は害する目的若しくは効果を有する行為若しくは言動をいう。

2 前項の差別には、間接差別、関連差別、複合差別、合理的配慮の否定、ハラスメントその他、あらゆる形態の差別を含む。ここに間接差別とは、外見上は、人種や皮膚の色、宗教、性、出身国などの属性に中立的な規定、基準、慣行であっても、その適用の結果、合理的な理由もなく、ある属性の者を他の属性の者より不利に扱うことをいう。また、関連差別とは、人種、皮膚の色、性、障害、疾病、世系又は民族的若しくは種族的出身に関連する事由を理由とする差別をいう。複合差別とは、複数の差別が

141

単に蓄積した重層的差別とは異なり、差別が互いに絡み合い、複雑に入り組んでいる状態をいう。さらに、ハラスメントとは、性別や年齢、職業、宗教、社会的出自、人種、民族、国籍、身体的特徴、セクシュアリティなどの属性、あるいは広く人格に関する言動、敵対的な環境の創出などによって相手に不快感や不利益を与え、その尊厳を傷つけることをいう。

3　第1項及び前項の定める差別のうち、障害者の差別、ヘイトスピーチ、部落差別その他、個別の差別に独自の部分については、個別の禁止法の規定するところによる。

4　第1項及び第2項の定める定義については、差別に係る実態の調査等に基づいて必要な見直しを行う。

第3条の2　前条第1項及び第2項の定める差別に該当するか否かは、日本国憲法第31条の保障する適正手続の要請を充たして認定されなければならない。ただし、この手続の実施においても、差別被害を受けた者に対する合理的配慮が欠如することがないように留意し、立証責任の緩和などが検討されなければならない。

［解説］

　人種差別撤廃条約における差別の定義を参考にしつつ、加差別の行為規制に焦点を当てて差別を定義しました。国立市条例（「国立市人権を尊重し多様性を認め合う平和なまちづくり基本条例」）などを参考に、被差別部落出身を明記し、性別、性的指向、性自認、障害、疾病、職業、年齢等に基づく差別も追加しました。間接差別や関連差別、複合差別、あるいは合理的配慮の否定やハラスメントも、本条にいう差別に含まれることを明記しました。いわゆる「見た目」差別なども、条文では明記していませんが、もちろん本条にいう差別に含まれることになります。差別事象の列挙は差別の理解にとって重要ですが、個別法に委ねることにし、本条では、列挙を控えています。差別の定義に当たっては、包括的な差別禁止法と個別の差別禁止法を併用することとし、個別の差別に独自の部分については、個

別の禁止法の規定する定義によることを明記しました。個別の差別禁止法と包括的な差別禁止法とは二者択一的ではなく、「車の両輪」の関係に立つのだという理解に基づいて、禁止される差別について、個別の差別禁止法による上乗せ、横出しを認めることとしたものです。差別の定義は静態的ではなく、差別の実態に即した動態的なものでなければならないということから、被害実態調査を踏まえて、差別の定義の見直しを図る旨の規定を置くことにしました。差別か否かの認定に当たって、被差別当事者に対する合理的配慮が欠如することがないように留意し、立証責任の緩和などを検討しなければならないことも明記しました。

神奈川県川崎市の出版社「示現舎」は2016年2月、全国5367の被差別部落の地名を記載した戦前の「全国部落調査」の復刻出版を計画し、通販サイト「Amazon」で予約の受付を開始しました。示現舎は他の複数のサイトにも、地名や部落解放同盟幹部らの生年月日、電話番号などの個人情報を掲載しました。これに対し、解放同盟側は、地名リストの出版やサイト掲載の差し止めを求める仮処分を申し立てました。2016年3〜4月、横浜地裁などは出版の禁止やネット上のリスト削除を命じる仮処分を決定しました。出版は差し止められ、ネット上のリストは一部削除されました。しかし、データが移管されて、一部サイトではその後も掲載され続けました。

そこで、部落解放同盟と被差別部落出身者ら234人は、2016年4月に、被差別部落の地名リストをウェブサイトに掲載し、書籍化するのは差別を助長する行為だとして、示現舎と経営者を相手取り、出版・掲載の差し止めと1人110万円、計2億6500万円の損害賠償を求める民事訴訟を東京地裁に提訴しました。

東京地裁民事第12部は、2021年9月27日、原告の主張を一部認め、示現舎に対し千葉や富山など6県を除く25都府県における部落地名リストの出版・掲載の差し止めを命じるとともに、同社のM代表らに対し原告219人に対する計約488万円の損害賠償の支払いを命じる判決を言い渡しました。

地裁判決では、部落出身を告白するなどした原告については、出版等によるプライバシー権の侵害を認めず、該当者の出身6県を差し止めの対象から外しました。地名リストに掲載された41都府県のうち、関連する原告がいないことなどから、佐賀、長崎を含む16県については削除や出版禁止を認めませんでした。41都府県以外の16県については判断されませんでした。

　今も根強く残る差別を恐れ、苦渋の決断で裁判に加わらなかった被害者は数多いのです。結婚や就職など人生の節目で、被差別部落の出身者が差別に直面するケースは後を絶ちません。ルーツを明かして提訴するためのハードルは極めて高いのです。弁護団が原告として想定した人数のうち、実際に提訴したのは半分ほどにすぎませんでした。しかし、本判決によると、各地の出身者が裁判を起こさない限り、地名がさらされ続けることになります。

　判決を受け、原告側は、会見で、「自分が部落出身とカミングアウトした原告に対し、プライバシーの侵害がないから、その県全体の部落地名リストを差し止めない、という判断は絶対におかしい。リスト全体が差別を助長するものだ」と不満をあらわにしました。原告側の弁護士も、「我々が主張してきた『差別されない権利』も認められず、司法の限界を認識させられた」と語ったといいます。

　何よりの問題は、「差別されない権利」を「曖昧」だとして認めなかったことです。このようなことがないように、定義規定を置きました。

　第3条の2では、立証責任の緩和などが検討されなければならないと明記しました。差別被害を受けた者に立証責任を負わすこと自体が差別的取扱いというようなことにならないようにするためです。

（差別の禁止）
第4条　何人も、第3条第1項の規定する差別をしてはならない。
　2　何人も、関係者差別又はみなし差別もしてはならない。

3　前項の「関係者差別」とは、被差別当事者等と社会生活において密接な関係を有することを理由に行われる差別をいう。また、「みなし差別」とは、差別の理由となる属性を持つかどうかに関わりなく、属性を持つ者とみなして行う差別をいう。

4　合理的配慮は、社会的障壁の除去に伴う負担が過重でないときは、それを怠ることによって前項の規定に違反することとならないよう適切に行われなければならない。

［解説］

前述の冊子では、禁止規定のない現状について、次のように嘆息されています。

「『部落に生まれた』『部落に住んでいる』『本籍所在地が部落である』『実家が部落である』などの理由により、部落出身者は結婚や就職などにおいて耐えがたい差別を受けてきました。」「熊本県の部落出身のBさんは、婚約破棄という差別に対して、身元調査を実施した興信所を裁判に訴えました。しかし差別を禁じた法律がないもとで、結局は民事訴訟という形でしか訴えられず、全面勝訴したものの、その慰謝料は50万円でした（1973年）。差別は法的には取り締られていません。そのことに乗じて、こんなひどい事件を尻目に、「出版の自由」とでもいうのでしょうか、「部落地名総鑑」が堂々と商われていたのです。」

しかし、障害者差別解消法、ヘイトスピーチ解消法、部落差別解消推進法でも、差別を禁止する条文は置かれていません。そこで、本法案では、パリ原則に基づく国内人権機関による法運用を想定して、差別の禁止について規定することとしました。

厳密には被差別当事者には該当しない人に対して行われる差別行為又は差別言動は、「関係者差別」ないし「みなし差別」と呼ばれています。た

とえば、被差別当事者の家族や恋人、友人であるということを理由に行われる差別などがそれです。これらの差別も禁止する旨の明文規定を置いています。

　差別禁止の実効性を担保するために、罰則の使用も検討されなければなりません。しかし、罰則には副作用の面もあります。日本国憲法の謳う罪刑法定主義、明確性原則等が適用されるために、罰則の使用に当たっては、処罰される差別言動を明確に法律で限定することが求められます。そうすると、「法の網」をかいくぐる差別言動が現れ、それは法的には禁止されておらず、「やってもかまわない」といった主張を逆に生みかねないことなどが、この副作用です。処罰の使用はプラス、マイナスをよく検討したうえで決められなければなりません。包括法で処罰類型を規定すると、どうしても包括的な処罰規定になりかねず、罪刑法定主義や明確性原則等に抵触するおそれがあります。そのために処罰範囲を限定せざるを得ず、確実な処罰を確保することも難しいということになります。そこで、社会的少数者に対する差別行為又は差別言動に対する罰則規定は、個別の差別禁止法の定めるところとするとしてはどうかと考えました。

　もっとも、これには、個別法のない分野では罰則による担保を欠くことになって、適当ではないという強い異論も予想されます。この点については更に議論を重ねたいと思います。なお、独占禁止法は、次のように定めています。

第74条　公正取引委員会は、第12章に規定する手続による調査により犯則の心証を得たときは、検事総長に告発しなければならない。

2　公正取引委員会は、前項に定めるもののほか、この法律の規定に違反する犯罪があると思料するときは、検事総長に告発しなければならない。

3　前2項の規定による告発に係る事件について公訴を提起しない処分をしたときは、検事総長は、遅滞なく、法務大臣を経由して、その旨及びその理由を、文書をもって内閣総理大臣に報告しなければならない。

この規定も、検討に当たっては参考になると思われます。

　本差別禁止法で禁止される差別行為又は差別言動が刑法第230条その他の罰条に該当する場合は、当該罰条により罰せられることになります。また、本差別禁止法で禁止される差別行為又は差別言動が民法第709条その他の法条に該当する場合は、当該法条により損害賠償の責任を問われることになります。

（責務）

第5条　国及び地方公共団体は、差別を作出及び助長した教訓に鑑み、この法律の趣旨にのっとり、社会的少数者に対するすべての差別（以下、「差別」という。）の解消及び再発防止、被害救済、被害者の名誉及び権利回復の推進に関して必要な施策を総合的かつ一体的に実施するため、差別の解消の推進に関する基本方針（以下「基本方針」という。）を定め、この基本方針の下に必要な施策を策定し、及び実施しなければならない。

2　国会は、立法不作為等により差別を作出及び助長した教訓に鑑み、差別の状況や被害の実態等に基づいて本法の見直しを積極的に行い、定期的な人権研修の義務化、国連人権条約機関からの勧告を学び活かすことなど、差別の解消及び再発防止、被害救済、被害者の名誉及び権利回復の推進に努めなければならない。

3　裁判所は、差別の作出及び助長等に与った教訓に鑑み、定期的な人権研修の義務化、国連人権条約機関からの勧告を学び活かすことなど、本法を積極的に活用して差別の解消及び再発防止、被害救済、被害者の名誉及び権利回復の推進に努めなければならない。

4　国民は、差別の作出・助長に与った教訓に鑑み、すべての差別の解消が法の下の平等及び個人の尊厳を実現する上で、また、民主主義を破壊から守る上で極めて重要であることをよく理解し、差別の解消及び防止の推進に寄与するよう努めなければならない。

5　事業者は、差別の作出・助長に与った教訓に鑑み、すべての差別の解

消が法の下の平等及び個人の尊厳を実現する上で、また、民主主義を破壊から守る上で極めて重要であることをよく理解し、その事業の実施等に当たって、差別の解消及び防止の推進に寄与するよう努めなければならない。

［解説］

　本条では、国及び地方公共団団体のみならず、国会、裁判所及び国民・事業者の責務についても規定しています。社会的多数者（マジョリティ）は加害者になる可能性が高いことから、国会、裁判所、国民、事業者の責務を規定するに当たっては、「差別を作出及び助長した教訓に鑑み」等の文言を挿入しています。

　現代にまで至るハンセン病差別・偏見を作出・助長したのは、国のハンセン病強制隔離政策を下支えする形で、官民一体によって展開された「無らい県運動」でした。運動は戦後も展開されました。戦後の方がむしろ激しかったといえます。この「無らい県運動」の中で菊池事件も起きました。菊池事件とは、1951年（昭和26年）に熊本県菊池郡で発生した爆破事件および殺人事件です。

　爆破事件での懲役刑および殺人事件での死刑の確定後もＦさんは通常の刑務所や拘置所に移送されることなく、恵楓園内の菊池医療刑務支所に収容されました。Ｆさんは無実を主張し、３度の再審請求を行いましたが、いずれも棄却されました。Ｆさんは1962年９月14日午前、医療刑務支所から福岡拘置所へ移送となり、同日午後1時頃、死刑が執行されました。３度目の再審請求が棄却となった翌日のことでした。

　菊池事件は、裁判所も認める憲法違反の特別法廷で、しかも弁護人不在の中で死刑が言い渡され、死刑が執行されたという事件でもあります。事件本人にはご遺族がおられますが、親族の反対もあって、再審請求は困難な状態にあります。

　そこで、2012年11月７日、全国ハンセン病療養所入所者協議会、ハン

セン病違憲国賠訴訟全国原告団協議会、菊池恵楓園入所者自治会の３団体は、熊本地方検察庁に対して、検事総長を名宛人とする「菊池事件再審請求要請書」を提出しました。遺族による再審請求が困難な中、憲法違反の裁判によりＦさんが死刑となったこの事件については、検察官こそ公益の代表者としてこの不正をただすべきだという要請です。しかし、検察庁は2017年３月31日の回答でこの要請をはねのけました。検察官に再審請求を要請していた３団体は、2017年８月29日、検察官の再審請求をしない行為は違法だとして国賠訴訟を提起しました。2020年２月26日、熊本地裁は、原告の請求を棄却しましたが、菊池事件の「特別法廷」での審理については憲法違反だと判示しました。

　人権については「プロ中のプロ」を自認する法曹三者である裁判官、検察官、弁護士が共に一致して、ハンセン病差別・偏見の故に、ハンセン病療養所の入所者を日本国憲法の埒外に置くという憲法違反を犯しました。これが菊池事件の教訓です。この教訓がもっともっと噛み締められなければなりません。

　なお、カナダの連邦最高裁判所は、いくつか判例により人権法の性格を明らかにしており、たとえば、「人権法の解釈においては、その立法目的を実現するようにリベラルな解釈がなされなければならない」などと判示しています。また、カナダでは、人権法は、準憲法的地位にあり、法令に対して優越するということが明確に示されています。ただし、本法では、この点にまで踏み込むことは控えています。

第２章　差別を解消するための措置

（相談体制の充実）
第６条　国は、すべての差別に関する相談に的確に応ずるための体制の充
　　実を図るものとする。
２　国は、すべての差別に関する相談に的確に応じるために、相談の意義

ないし目的、国及び自治体の責務、相談の運営、相談の開設場所、相談
の方法（面談、電話、インターネットその他）、相談の担い手とその養
成、守秘義務と相談データの人権施策等への活用、財政措置などについ
て、基本方針及び基本計画を定めなければならない。

3　地方公共団体は、国との適切な役割分担を踏まえて、その地域の実情
に応じ、すべての差別に関する相談に的確に応ずるための体制の充実を
図るよう努めるものとする。

4　地方公共団体は、すべての差別に関する相談に的確に応じるために、
相談の意義ないし目的、国及び自治体の責務、相談の運営、相談の開設
場所、相談の方法（面談、電話、インターネットその他）、相談の担い
手とその養成、守秘義務と相談データの人権施策等への活用、財政措置
などについて、国の基本方針及び基本計画を踏まえて、推進計画を定め
なければならない。

［解説］

　マイノリティ差別の被差別当事者が異口同音に語るのは、被差別被害を
声にすることの困難さです。被害を語ることによる「被害のフラッシュバッ
ク」などに加えて、声にすると激しい社会的バッシングを受けることにな
るからです。親族からバッシングを受ける場合も少なくありません。訴訟
を提起するとなると、この社会的なバッシングは一段と強まります。差別
について学ぶ機会を持たなかった人々にとって、訴訟提起は理不尽と映る
からです。

　ハンセン病家族訴訟で原告は勝利し、国から補償金が支給されることに
なりました。しかし、補償金の支給を申請する人はどんどん少なくなって
います。多くても３割にとどまるのではないかと推定されています。今も
続く差別偏見が当事者の権利行使を妨げています。実効的な相談体制の整
備充実が急務です。

　相談体制の充実は、教育及び啓発の実施や差別の実態に係る調査などと

ともに、マイノリティ差別の解消を推進し、もってマイノリティ差別のない社会を実現することを目的とする国及び自治体の施策の柱の一つと位置づけられています。2016年4月から施行された障害者差別解消法や同年6月から施行されたヘイトスピーチ解消法、あるいは同年12月から施行された部落差別解消推進法でも、相談体制の充実について明文規定が置かれています。

しかし、これらの法律では、相談体制の充実を謳うだけで、人権相談の基本計画と推進計画、人権相談の意義ないし目的、国及び自治体の責務、人権相談の運営、人権相談の開設場所、人権相談の方法（面談、電話、インターネットその他）、人権相談の担い手とその養成、守秘義務と相談データの人権施策等への活用、財政措置などについて規定していません。

このままでは、相談体制の充実といっても、その実態は各地でバラバラという状態が生じかねません。相談体制の充実に積極的に取り組むところとそうでないところが生じかねません。このようなバラバラ状態は、被害救済にあたって空白地域を生じかねさせません。マイノリティ差別の解消を図るうえで大きなマイナス要因となりかねません。積極的に取り組まないところが一部でもみられますと、そこでは差別が解消されず、この温存された差別が他の地域にも拡がるという事態も生じかねませんし、現に生じています。

このバラバラ状態を生じさせないようにするためにはどうすればよいのでしょうか。人権相談の基本計画と推進計画、人権相談の意義ないし目的、国及び自治体の責務、人権相談の運営、人権相談の開設場所、人権相談の方法（面談、電話、SNSその他）、人権相談の担い手とその養成、守秘義務と相談データの人権施策等への活用、財政措置などについて明文規定を置くことが必要です。人権相談推進法などの名称の法律を制定し、この法律で規定することも一案ですが、法律は差別禁止法1本に絞り、指針・省令など下位規範で対応することでよいのではないかとも考えられます。そのために、第49条で、「この法律の実施のため必要な事項は、政令で定め

る。」と規定しました。

　問題は、人権相談の基本計画と推進計画です。基本計画及び推進計画の策定にあたって、最大のポイントになるのは、人権相談の意義ないし目的です。マイノリティ差別被害の本質と特徴を踏まえた人権相談でなければなりません。

　Aという人権課題に対するマイノリティ差別が、Bという人権課題に対するマイノリティ差別に連鎖する危険性もあります。また、マイノリティ差別が次の世代に連鎖する危険性もあります。このような連鎖の問題も差別被害の本質と特徴を考えるうえで重要です。差別被害を受けているにもかかわらず、社会的バッシングを受けるのではないかという不安感や、話してもわかってもらえないのではないかという不信感のために、被害を語れない当事者が少なくありません。客観的には差別被害を受けているのだが、その被害が差別によって引き起こされていることを学んでいなかったので、差別被害を自覚できなかった、社会にではなく自分に非があるのではないかと思っていたと語られる当事者がおられるというのも、マイノリティ差別被害の特徴です。

　これらのことを踏まえた相談でなければなりません。個人的な問題としてだけ扱うと、相談者の気持ちに対応できないことになります。

　相談に乗って終わるのではなく、救済や再発防止につなげられるかが大切です。救済や再発防止につながるような相談でなければなりません。そのためには、相談者の不安の除去と出口の整理も必要です。相談者はいろいろな不安を持ちながら相談に来られますので、相談者の心理状態に十分配慮しなければなりません。また、どうしたいのかという明確な意思を持って相談に来る方ばかりではないので、相談のなかで出口についてのご自分のお気持ちが整理できるようにお手伝いする必要もあります。

　相談体制の整備・充実に当たっても当事者参加が欠かせません。

（教育啓発の実施）

第7条　国は、差別を防止し、解消するとともに被害救済、被害者の名誉及び権利回復を図るため、差別の解消を妨げている諸要因の分析を随時行い、この分析も踏まえて、必要な教育及び啓発を行うものとする。

2　国は、人権教育啓発に関して必要な財政的な措置を講じる義務を負う。人権NGOをはじめ差別撤廃のために活動する民間団体を支援する義務を負う。

3　地方公共団体は、国との適切な役割分担を踏まえて、その地域の実情に応じ、差別を解消するため、必要な教育及び啓発を行うよう努めるものとする。

4　国民は、国及び地方自治体の実施する差別を防止し、解消するための教育啓発を進んで受講等するとともに、その実施等に協力し、差別のない社会の実現に寄与するよう努めなければならない。

5　人権教育及び人権啓発の推進に関する法律（平成12年法律第147号、同年12月6日公布・施行。）第7条の規定に基づき策定される「人権教育・啓発に関する基本計画」（以下「計画」という。）についても、差別を解消するための実効的な人権教育啓発の実施という観点から、地方公共団体等における計画の実施状況等を含めて、必要なフォローアップ及び見直しを行う。このフォローアップ及び見直しに当たっては、被差別当事者、その家族その他の関係者との協議の場を設ける等これらの者の意見を反映させるために必要な措置を講ずるものとする。

［解説］

　ハンセン病家族訴訟についての2019年6月の熊本地裁判決は、国（厚生労働省、法務省、文部科学省）の差別除去義務違反を認めました。この原告勝訴判決が確定したことを受けて、「ハンセン病に係る偏見差別の解消のための施策検討会」が2021年7月に設置されました。ハンセン病差別偏見を解消するための人権教育啓発はまだまだ十分ではありません。ハ

153

ンセン病差別偏見は2001年5月の「らい予防法」違憲判決の確定後もあまり変わっていないとの当事者の体感は強いものがあります。そこで、施策検討会が設置されることになりました。ハンセン病に対する偏見差別の現状とこれをもたらした要因の解明、国のこれまでの啓発活動の特徴と問題点の分析、偏見差別の解消のために必要な広報活動や人権教育、差別事案への対処の在り方についての提言を行うなど、今後のハンセン病に対する偏見差別の解消に資することを目的として設置するとされています。

　差別を防止し、解消するための教育啓発が不十分なのはハンセン病差別だけではありません。他のマイノリティ差別の場合も同様です。「人権教育及び人権啓発の推進に関する法律」（平成12年法律第147号、同年12月6日公布・施行。）が制定されており、次のような規定が置かれています。

第3条　国及び地方公共団体が行う人権教育及び人権啓発は、学校、地域、家庭、職域その他の様々な場を通じて、国民が、その発達段階に応じ、人権尊重の理念に対する理解を深め、これを体得することができるよう、多様な機会の提供、効果的な手法の採用、国民の自主性の尊重及び実施機関の中立性の確保を旨として行われなければならない。

第4条　国は、前条に定める人権教育及び人権啓発の基本理念（以下「基本理念」という。）にのっとり、人権教育及び人権啓発に関する施策を策定し、及び実施する責務を有する。

第5条　地方公共団体は、基本理念にのっとり、国との連携を図りつつ、その地域の実情を踏まえ、人権教育及び人権啓発に関する施策を策定し、及び実施する責務を有する。

第6条　国民は、人権尊重の精神の涵養に努めるとともに、人権が尊重される社会の実現に寄与するよう努めなければならない。

第7条　国は、人権教育及び人権啓発に関する施策の総合的かつ計画的な推進を図るため、人権教育及び人権啓発に関する基本的な計画を策定しなければならない。

第8条　政府は、毎年、国会に、政府が講じた人権教育及び人権啓発に関する施策についての報告を提出しなければならない。

第9条　国は、人権教育及び人権啓発に関する施策を実施する地方公共団体に対し、当該施策に係る事業の委託その他の方法により、財政上の措置を講ずることができる。

　この第7条を受けて、国では、「人権教育・啓発に関する基本計画」が策定されています。基本計画では、「計画のフォローアップ及び見直し」と題して、「人権教育・啓発に関する国会への年次報告書（白書）の作成・公表等を通じて、前年度の人権教育・啓発に関する施策の実施状況を点検し、その結果を以後の施策に適正に反映させるなど、基本計画のフォローアップに努めるものとする。また、我が国の人権をめぐる諸状況や人権教育・啓発の現状及び国民の意識等について把握するよう努めるとともに、国内の社会経済情勢の変化や国際的潮流の動向等に適切に対応するため、必要に応じて本基本計画の見直しを行う」と謳われています。

　しかし、このフォローアップ及び見直しが不十分な状況にあります。本条では、これを踏まえて、第5項で、「人権教育及び人権啓発の推進に関する法律（平成12年法律第147号、同年12月6日公布・施行。）第7条の規定に基づき策定される「人権教育・啓発に関する基本計画」（以下「計画」という。）についても、差別を解消するための実効的な人権教育啓発の実施という観点から、地方公共団体等における計画の実施状況等を含めて、必要なフォローアップ及び見直しを行う。このフォローアップ及び見直しに当たっては、被差別当事者等との協議の場を設ける等これらの者の意見を反映させるために必要な措置を講ずるものとする。」と規定しました。

　もっとも、これには、既存の教育・啓発法と基本計画は廃止し、この差別禁止法の管轄下に統一した方がよいのではないかとの考えもあり得ます。人権教育法を改めて読むと、国民が人権について理解を深めることを目的としており、国や自治体の責任を明確にするための法律ではないからです。

この点については、更に検討を深めていきたいと考えています。

（差別に係る実態調査）

第8条　国は、差別の解消及び再発防止、被害救済、被害者の名誉及び権
　　利回復に関する施策の実施に資するため、第5条第1項の「基本方針」
　　に従って、差別の実態に係る調査について基本計画を策定し、地方公共
　　団体の協力を得て、この基本計画に則って同調査を行うものとする。

2　前項の基本計画の策定及び調査の実施に当たっては、被差別当事者等
　　との協議の場を設ける等これらの者の意見を反映させるために必要な措
　　置を講ずるものとする。

3　国民は、第1項の調査の円滑かつ適正な実施について協力するよう努
　　めるものとする。

4　国は、第1項の調査の結果に基づいて、差別の解消に関する施策を見
　　直すこととする。

［解説］

　本条では、当事者参加を保障するため、第2項を置き、被害実態調査に
基づく施策の見直しについても明文の規定を置きました。国民の調査への
協力についても規定しました。同調査の実施に当たっては、新たな差別を
生むことがないように留意しなければならないとしていましたが、この留
意によって必要な被害実態調査ができなくなるような事態も懸念されるこ
とことから削除することにしました。

　第30条で、「人権委員会は、差別の解消及び再発防止、差別による被害
の救済、被害者の名誉及び権利の回復に関する職務を行うため必要がある
と認めるときは、必要な調査をすることができる。」と規定していますが、
これは、人権委員会は、被害実態調査にとどまらず、その職務を遂行する
ために必要と考える調査を行うことができるとするためです。

（情報の収集、整理及び提供）

第9条　国は、差別の解消及び再発防止、被害救済、被害者の名誉及び権利回復の取組に資するよう、地方公共団体の協力を得て、国内外における差別の状況及びその解消のための取組に関する情報の収集、整理及び提供を行うものとする。

2　国は、差別の解消及び再発防止、被害救済、被害者の名誉及び権利回復の取組について国際的な協調を推進するため、国内外における差別の状況及びその解消のための取組について積極的に情報発信するものとする。

［解説］

　国及び地方公共団体によるその他の情報収集等の義務についても規定しました。情報収集だけでなく、内外への情報発信についても規定しました。

（研修）

第10条　国は、差別を解消するための取組に資するよう、「人権教育・啓発に関する基本計画」に基づく国家公務員、地方公務員、教職員などに対する人権研修の実施に当たっては、本法の意義等の理解の涵養に努め、差別の解消及び再発防止、被害救済、被害者の名誉及び権利回復に係る施策の遂行にあたる上で必要な知見、意欲、能力などの向上を図るものとする。

2　国会は、差別を解消するための取組に資するよう、国会議員及び国会職員に対する差別問題についての自主研修の充実に努めるものとする。

3　裁判所は、差別を解消するための取組に資するよう、裁判官その他の職員に対する差別問題についての自主研修の充実に努めるものとする。

4　地方公共団体は、差別を解消するための取組に資するよう、地方公務員に対する人権研修の実施に当たっては、本法の意義等の理解の涵養に努めるものとする。

157

5　事業主は、差別を解消するための取組に資するよう、その職員等に対する差別問題ついての自主研修の充実に努めるものとする。

［解説］

　公務員等に対する研修の充実について規定したものです。国会議員、裁判官、事業所の職員等に対する研修についても明示しました。

（条例による施策の上乗せ等）
第11条　地方公共団体は、差別を防止及び解消するために、差別解消条例等を制定し、その地域の実情に応じ、必要な施策を定めることができる。

［解説］

　個別の差別禁止条例にとどまらず、包括的な差別禁止条例の制定に動く自治体も出はじめています。「堺市平和と人権を尊重するまちづくり条例」（平成18年12月22日堺市条例第77号）はその先駆ともいうべきもので、「川崎市差別のない人権尊重のまちづくり条例」（令和元年川崎市条例第35号）も制定されています。

　東京都国立市でも、「国立市人権を尊重し多様性を認め合う平和なまち基本条例」が2018年12月21日に議会で可決成立し、2019年4月1日から施行されました。さまざまな差別を包括的に禁止する人権条例です。同市によると、包括的に差別を禁止する条例は都内の自治体では初ではないかとされています。「何人も、人種、民族、国籍、性別、性自認、障害、職業、被差別部落出身などを理由に差別を行ってはならない」と明記したうえで、心身への暴力も禁じ、「いかなる暴力も行ってはならない」としています。また、市長の使命や市民の責務に加えて、事業者に対しても「不当な差別の解消に努めるものとする」と努力義務を課しています。条例には罰則規定は設けられていませんが、差別解消を推進するため、市長の付属機関として「人権・平和のまちづくり審議会」を設置し、審議会が基本方針や推

158

進計画、人権救済措置について調査・審議し、答申することが盛り込まれました。

　包括的な差別禁止法の制定に当たっては、これらの自治体条例との関係、連携の在り方についても必要な規定を置くことが問題となります。その際、ポイントとなるのは条例による上乗せ、横出しを認めるか否かです。そこで、本条の規定を置きました。

　ちなみに、地方自治法第14条第3項は、「普通地方公共団体は、法令に特別の定めがあるものを除くほか、その条例中に、条例に違反した者に対し、2年以下の懲役若しくは禁錮、100万円以下の罰金、拘留、科料若しくは没収の刑又は5万円以下の過料を科する旨の規定を設けることができる。」と定めています。差別禁止条例で差別を禁止し、禁止違反に2年以下の懲役若しくは禁錮等を課すことも法律上は可能となっています。

第3章　人権委員会

（人権委員会の設置）

第12条　国家行政組織法（昭和23年法律第120号）第3条第2項の規定に基づいて、第1条の目的を達成することを任務とする人権委員会を設置する。

2　人権委員会は、内閣府担当大臣の所轄に属する。

（所掌事務）

第13条　人権委員会は、前条第1項の任務を達成するため、次に掲げる事務をつかさどる。

　一　人権侵害による被害の救済及び予防、被害者の名誉及び権利回復に関すること。

　二　人権啓発及び民間における人権擁護運動の支援に関すること。

　三　所掌事務に係る国際協力に関すること。

　四　前各号に掲げるもののほか、法律（法律に基づく命令を含む。）に

基づき人権委員会に属させられた事務。

2　人権委員会内に人権審判所を付設し、人権委員会の事務のうち、個別の差別行為又は差別言動の調査等及びこれによる被害の救済等の事務を担当させることとする。

3　人権審判所に関する規定は、政令の定めるところとする。

（職権行使の独立性）

第14条　人権委員会の委員長及び委員は、独立してその職権を行う。

（組織）

第15条　人権委員会は、委員長及び委員4人をもって組織する。

2　委員長は、人権委員会の会務を総理し、人権委員会を代表する。

3　委員長に事故があるときは、常勤の委員が、その職務を代理する。

（委員長及び委員の任命）

第16条　委員長及び委員は、社会的少数者の差別問題に関して高い識見を有する者であって、法律又は社会に関する学識経験のある者のうちから、両議院の同意を得て、内閣総理大臣が任命する。

2　前項の任命に当たっては、委員長及び委員のうち、男女のいずれか一方の数が2名未満とならないよう努めるものとする。

3　委員長又は委員の任期が満了し、又は欠員を生じた場合において、国会の閉会又は衆議院の解散のため両議院の同意を得ることができないときは、内閣総理大臣は、第1項の規定にかかわらず、同項に定める資格を有する者のうちから、委員長又は委員を任命することができる。

4　前項の場合においては、任命後最初の国会において両議院の事後の承認を得なければならない。

（委員長及び委員の任期）

第17条　委員長及び委員の任期は、3年とする。ただし、補欠の委員長又は委員の任期は、前任者の残任期間とする。

2　委員長及び委員は、再任されることができる。

3　委員長又は委員の任期が満了したときは、当該委員長又は委員は、後

任者が任命されるまで引き続きその職務を行うものとする。

（委員長及び委員の身分保障）

第18条　委員長及び委員は、次の各号のいずれかに該当する場合を除いては、在任中、その意に反して罷免されることがない。

一　禁錮以上の刑に処せられたとき。

二　人権委員会により、心身の故障のため職務の執行ができないと認められたとき、又は職務上の義務違反その他委員長若しくは委員たるに適しない非行があると認められたとき。

三　第16条第4項の場合において、両議院の事後の承認を得られなかったとき。

（委員長及び委員の罷免）

第19条　内閣総理大臣は、委員長又は委員が前条各号のいずれかに該当するときは、その委員長又は委員を罷免しなければならない。

（委員長及び委員の服務等）

第20条　委員長及び委員は、職務上知ることができた秘密を漏らしてはならない。その職を退いた後も、同様とする。

2　委員長及び委員は、在任中、政党その他の政治的団体の役員となり、又は政党又は政治的目的のために、寄附金その他の利益を求め、若しくは受領し、又は何らの方法を以てするを問わず、これらの行為に関与し、あるいは選挙権の行使を除く外、人事院規則で定める政治的行為をしてはならない。

3　委員長及び常勤の委員は、在任中、営利事業を営み、その他金銭上の利益を目的とする業務を行い、又は内閣総理大臣の許可のある場合を除くほか、報酬を得て他の職務に従事してはならない。

4　委員長及び委員の給与は、別に法律で定める。

（人権委員会の会議）

第21条　人権委員会の会議は、委員長が招集する。

2 人権委員会は、委員長及び2人以上の委員の出席がなければ、会議を開き、議決をすることができない。

3 人権委員会の議事は、出席者の過半数でこれを決し、可否同数のときは、委員長の決するところによる。

4 委員長に事故がある場合の第2項の規定の適用については、常勤の委員は、委員長とみなす。

（人権委員会の事務局）

第22条 人権委員会の事務を処理させるため、人権委員会に事務局を置く。

2 事務局の職員のうちには、弁護士となる資格を有する者を加えなければならない。

（地方事務所等）

第23条 人権委員会の事務局の地方機関として、所要の地に地方事務所を置く。

2 前項の地方事務所の名称、位置及び管轄区域は、政令で定める。

（公聴会）

第24条 人権委員会は、その職務を行うため必要があると認めるときは、公聴会を開いて、広く一般の意見を聴くことができる。

（職務遂行の結果の公表）

第25条 人権委員会は、この法律の適正な運用を図るため、適時に、その職務遂行の結果を一般に公表することができる。

（国会に対する報告等）

第26条 人権委員会は、毎年、内閣総理大臣を経由して国会に対し、所掌事務の処理状況を報告するとともに、その概要を公表しなければならない。

（内閣総理大臣等又は国会に対する意見の提出）

第27条 人権委員会は、内閣総理大臣若しくは関係行政機関の長に対し、又は内閣総理大臣を経由して国会に対し、この法律の目的を達成するために必要な事項に関し、意見を提出することができる。

2　意見を受領した内閣総理大臣、関係行政機関の長、国会は、受領後６
　か月以内に、人権委員会の意見に対して取られた措置を回答しなければ
　ならない。これらの意見および回答は人権委員会のＨＰに公表される。
（国内人権機関世界連合の認証）
第27条の２　人権委員会は、国内人権機関世界連合に加入するために、同
　連合の行う認証を受けるものとする。

［解説］
　差別禁止法と被害救済法は決して対立するものではありません。また、
どちらがよいのかといった二者択一のものでもありません。前者は差別の
禁止に関わる、いわば実体法であり、後者はそれを実行する、いわば組織
法ないし手続法であるということができます。両者はともに、差別のない
人権社会の建設をめざすという共通項を持ちながら、互いに補完し合う法
律です。組織法の中核をなすのは、人権委員会の設置を法で規定すること
です。人権委員会は、差別や差別による人権侵害の訴えを受け止め、これ
を調査し、被害者を救済するとともに、差別や差別による人権侵害に対す
る是正措置を講ずる機関です。人権政策に関する提案権も付与されるこの
組織は、政府から独立し、迅速に対応できる独自の予算とスタッフを持っ
た機関であることが求められます。
　2011年３月、法務省は、政務三役の名前で、「新たな人権救済機関の設
置について（基本方針）」を発表しました。方針では、次のように謳われ
ました。
　「人権救済機関については、政府からの独立性を有し、パリ原則に適合
する組織とするため、国家行政組織法第３条第２項の規定に基づき，人権
委員会を設置する。新制度の速やかな発足及び現行制度からの円滑な移行
を図るため、人権委員会は、法務省に設置するものとし、その組織・救済
措置における権限の在り方等は、更に検討するものとする。」「人権委員会
については、我が国における人権侵害に対する救済・予防、人権啓発のほ

163

か、国民の人権擁護に関する施策を総合的に推進し、政府に対して国内の人権状況に関する意見を提出すること等をその任務とするものとする。人権委員会の委員長及び委員については、中立公正で人権問題を扱うにふさわしい人格識見を備えた者を選任するとともに、これに当たっては、国民の多様な意見が反映されるよう、両議院の同意を得て行うもの（いわゆる国会同意人事）とする。」

　「国内機構の地位に関する原則（パリ原則）」の内容のうち、「責務」とされるのは、次のようなものです。

(a)　政府、議会及び権限を有する他のすべての機関に対し、人権の促進及び擁護に関するすべての事項について、関係当局の要請に応じ、又は、上位機関に照会せずに問題を審理する権限の行使を通じて、助言を与えるという立場から、意見、勧告、提案及び報告を提出すること。

(b)　当該国家が締約国となっている国際人権条約と国内の法律、規則及び実務との調和並びに条約の効果的な実施を促進し確保すること。

(c)　上述の条約の批准又は承認を促し、その実施を確保すること。

(d)　国が条約上の義務に従って、国連の機関や委員会、又は地域機構に提出を求められている報告書に貢献すること。必要な場合には、機構の独立性にしかるべき注意を払いながらもその問題について意見を表明すること。

(e)　国連及び他の国連機構の組織並びに人権の促進及び擁護の分野において権限を有する地域機構及び他国の国内機構と協力すること。

(f)　人権の教育や研究のためのプログラムの策定を援助し、学校、大学及び職業集団におけるそれらの実施に参加すること。

(g)　特に情報提供と教育を通じ、そしてすべての報道機関を活用す

ることによって、国民の認識を高め、人権とあらゆる形態の差別、特に人種差別と闘う努力とを宣伝すること。

　国内人権機関には、「準司法的権限」も与えられています。この「準司法的権限を有する委員会の地位に関する補充的な原則」とされるのは、次のようなものです。

　　⒜　調停により、又は法に規定された制約の範囲内で、拘束力のある決定によって、また必要な場合には非公開で、友好的な解決を追求すること。

　　⒝　申請を行った当事者に対し、その者の権利、特に利用可能な救済を教示し、その利用を促進すること。

　　⒞　法に規定された制約の範囲内で、申立てないし申請を審理し、又はそれらを他の権限ある機関に付託すること。

　　⒟　特に、法律、規則、行政実務が、権利を主張するために申請を提出する人々が直面する困難を生じさせてきた場合には、特にそれらの修正や全面改正を提案することによって、権限ある機関に勧告を行うこと。

　本法により設置される人権委員会も、パリ原則の定める責務をその任務とし、準司法的権限も付与されることになります。この任務を担当させるために、人権委員会内に人権審判所を設置することとしました。もっとも、人権委員会は、差別や差別による人権侵害の認定、そして、その是正や被害者の救済などを法的根拠もなく勝手に判断してはなりません。こうした判断のもとになる規定が本法の第３条及び第４条ということになります。人権機関の行う救済措置も、パリ原則に基づくものとなります。

　人権委員会の委員長及び委員については、人事院規則で定める政治的行為をしてはならないと規定しましたが、「政治的行為」の解釈次第によっては委員長及び委員の職務遂行に支障が出ないとも限りませんので、この

点は更に検討を深めていきたいと思います。

　委員長及び委員の任命について、国や自治体の設置するいろいろな委員会の委員長及び委員について定められていることから「人格が高潔で」という要件を付していましたが、同じく３条委員会とされる公正取引委員会の委員長及び委員については、「人格が高潔で」という要件は付されていませんので、削除することにしました。

第４章　被害救済、名誉・権利回復のための手続

第１節　総則

（人権相談）
第28条　人権委員会は、差別に関する各般の問題について、相談に応ずるものとする。
２　人権委員会は、前項の相談を受けた場合において、当該相談に係る事件の実情に即した解決を図るのにふさわしい他の手続を行う機関があると認めるときは、当該相談をした者に対し、当該手続に関する情報を提供するものとする。
３　人権委員会は、事務局の職員等に、第１項の相談を行わせることができる。

［解説］
　人権委員会の行う人権相談についても明文規定を置きました。ちなみに、法務省の「人権相談取扱規程」（昭和59年８月31日法務省訓令第３号、改正平成18年９月22日権調訓第630号）によると、「人権相談は、人権問題に関して国民の相談に応じ、人権侵犯事件への切替え、官公署その他の機関への通報、日本司法支援センターへの紹介又は助言等の必要な措置を採ることにより、国民に保障されている基本的人権を擁護し、併せて自由人

権思想の普及高揚を図ることを目的とする。」（第2条）とされ、「人権相談に係る事項につき、人権侵犯に該当する疑いがあるときは、速やかに人権侵犯事件に切り替えるものとする。」（第7条）とされています。本第28条第2項の解釈運用においても、この第7条が参考になろうかと思われます。

　なお、相談については、そもそも相談は「救済手続」なのかという根本的な疑問もあり得るかと思われます。相談の役割は多様です。差別と認定し、被害救済及び被害者の名誉・権利回復につなげていく相談もあれば、生活支援その他の被害者支援を目的とする相談もあります。これらを一元化するのではなく、一般の行政機関の相談窓口のほか、人権委員会による相談窓口も設けた方がよいのではないかという観点から規定しています。ただし、これには、相談は第6条の相談にまとめた方がよいのではないかという意見もあろうかと思われます。これらの点については、更に検討を重ねていきたいと思います。

（救済手続の開始）

第29条　何人も、差別による被害を受け、又は受けるおそれがあるときは、人権委員会に対し、その旨を申し出て、当該被害の救済又は予防を図るため適当な措置を講ずべきことを求めることができる。

2　前項の規定による申出をする者は、他の者の権利利益を害することのないように留意しなければならず、かつ、その本来の目的を逸脱して他の目的のためにこれを濫用してはならない。

3　人権委員会は、第1項の規定による申出があった場合において、相当と認めるときは、次節に定めるところにより、遅滞なく必要な調査をし、適当な措置を講ずるものとする。

4　人権委員会は、前項に規定する場合のほか、差別に係る情報を得た場合において、差別行為又は差別言動による被害の救済又は予防を図るため必要があると認めるときは、職権で、次節に定めるところにより、必

要な調査をし、適当な措置を講ずることができる。

［解説］

　救済手続の開始について規定しました。ちなみに、法務省の「人権侵犯事件調査処理規程」（平成16年法務省訓令第２号）第８条によると、「法務局長又は地方法務局長は、被害者、その法定代理人又はその親族等の関係者（以下「被害者等」という。）から、人権侵犯により被害を受け、又は受けるおそれがある旨の申告があり、人権侵犯による被害の救済又は予防を図ることを求められたときは、申告のあった事件が、法務局又は地方法務局において取り扱うことが適当でないと認められる場合を除き、遅滞なく必要な調査を行い、適切な措置を講ずるものとする。」「２　法務局長又は地方法務局長が、人権擁護委員若しくは関係行政機関の通報又は情報に基づき、事件の端緒となる事実に接した場合において、第２条の目的に照らして相当と認めるときは、遅滞なく必要な調査を行い、適切な措置を講ずるものとする。」と規定されています。

　この規定については、申告のあった事件は、法務局又は地方法務局において取り扱うことが適当でないと認められる場合を除いて、原則として、遅滞なく必要な調査を行うと解釈運用されています。本29条第３項も、これを参考にして解釈運用されることになろうかと思われます。

第２節　調査

（調査）

第30条　人権委員会は、差別の解消及び再発防止、差別による被害の救済、被害者の名誉及び権利の回復に関する職務を行うため必要があると認めるときは、必要な調査をすることができる。この場合においては、人権委員会は、関係行政機関に対し、資料又は情報の提供、意見の表明、説明その他の必要な協力を求めることができる。

2　人権委員会は、事務局の職員等に、前項の調査を行わせることができる。

（調査の嘱託）

第31条　人権委員会は、差別の解消及び再発防止、差別による被害の救済、被害者の名誉及び権利の回復に関する職務を行うため必要があると認めるときは、国の他の行政機関、地方公共団体、学校その他の団体又は学識経験を有する者に対し、必要な調査を嘱託することができる。

（特別調査）

第32条　人権委員会は、第30条の調査をするため、次に掲げる処分をすることができる。

　　一　事件の関係者に出頭を求め、質問すること。

　　二　当該差別行為又は差別言動に関係のある文書その他の物件の所持人に対し、その提出を求め、又は提出された文書その他の物件を留め置くこと。

　　三　当該差別行為又は差別言動が現に行われ、又は行われた疑いがあると認める場所に立ち入り、文書その他の物件を検査し、又は関係者に質問すること。

2　人権委員会は、事務局の職員等に、前項の処分を行わせることができる。

3　前項の規定により人権委員会の事務局の職員等に立入検査をさせる場合においては、当該職員等に身分を示す証明書を携帯させ、関係者に提示させなければならない。

4　第1項の規定による処分の権限は、犯罪捜査のために認められたものと解してはならない。

5　第1項に規定する処分について効力を争う者は、裁判所に対し取り消し訴訟を起こすことができる。

［解説］

　第32条では、特別調査についても規定しました。この強制調査については批判も少なくありません。人権擁護法案が廃案になる一因にもなりま

した。しかし、任意調査だけで、必要な調査を行い、必要な救済措置を講じ得るかというと、困難だといえます。法務省の人権擁護機関も、人権侵犯事件調査処理規程に基づいて人権侵犯の申立等があった事件について調査を行っていますが、任意の調査のため、相手方等の不同意ないし非協力等という壁に阻まれて、必要な調査を行うことができず、その結果、事実関係不明確で、人権侵犯の事実があると認めることができないケースも少なからず現出しています。法務省人権擁護機関の行う調査について当事者から厳しい批判を招く大きな要因の一つにもなっています。特別調査が認められない場合、人権委員会の行う調査についても、同様の非難が寄せられることが懸念されます。そこで、特別調査についても盛り込むことにしました。

　なお、人権擁護法案においては、この特別調査について、罰則を定め、人権委員会の処分に違反して、出頭せず、又は陳述をしなかった者、文書その他の物件を提出しなかった者、立入検査を拒み、妨げ、又は忌避した者に対して30万円以下の過料に処すとしていました。このように罰則を設けるかどうかについては、法案の審議の過程で掘り下げた検討を期待したいと思います。

第3節　救済措置

（援助、説示等の措置）

第33条　人権委員会は、第29条第1項の規定による申出又は同条第4項の情報に係る事件の解決を図るため必要があると認めるときは、次に掲げる措置を講ずることができる。

　　一　当該申出をした者又は当該情報において差別による被害を受けたとされ、若しくは受けるおそれがあるとされる者及びその関係者（次号において「申出者等」という。）に対し、必要な助言、関係行政機関又は関係のある公私の団体への紹介その他の援助をすること。

170

二　当該申出又は当該情報において差別を行ったとされ、又は行うお
　　それがあるとされる者及びその関係者と申出者等との間の関係を調
　　整すること。ただし、当該申出をした者又は当該情報において差別
　　による被害を受けたとされ、若しくは受けるおそれがあるとされる
　　者の同意がある場合に限る。

　三　当該申出をした者又は当該情報において差別による被害を受けた
　　とされ、若しくは受けるおそれがあるとされる者及びその関係者を、
　　当該申出又は当該情報において差別を行ったとされ、又は行うおそ
　　れがあるとされる者及びその関係者から引き離すなどの緊急措置を
　　とること。

2　人権委員会は、差別が現に行われ、又は行われたと認める場合におい
　て、人権侵害行為による被害の救済又は予防を図るため必要があると認
　めるときは、前項各号に掲げる措置のほか、次に掲げる措置を講ずるこ
　とができる。

　一　当該差別行為又は差別言動をした者に対し、その行為又は言動に
　　ついての反省を促すため、事理を説示すること。

　二　当該差別をした者に対し、その行為又は言動をやめるべきこと又
　　はその行為又は言動若しくはこれと同様の差別を将来行わないこと
　　その他被害の救済又は予防に必要な措置をとるべきことについて勧
　　告をすること（次条第1項に規定する場合を除く。）。

　三　関係行政機関に対し、差別の事実を通告すること。

　四　犯罪に該当すると思料される差別の事実について告発をすること。

　五　前二号に掲げるもののほか、当該差別行為又は差別言動をした者
　　以外の者であって、差別による被害の救済又は予防について、法令、
　　契約その他の事由により実効的な措置をとることができる者に対し、
　　必要な措置をとることを要請すること。

3　人権委員会は、前項各号に掲げる措置を講じようとするときは、あら
　かじめ、当該差別をした者に対し、意見を述べる機会を与えなければな

らない。ただし、同項第三号から第五号までに掲げる措置を講じようとする場合において、差別による被害の救済又は予防を図るために急を要するときは、この限りでない。

4　人権委員会は、事務局の職員等に、第1項各号に掲げる措置を講じさせることができる。

5　人権委員会が第2項第二号又は第五号に掲げる措置を講じた場合において、当該措置に際して差別に該当するとされた言動を違法でないとする内容の判決その他の当該措置の内容と抵触する裁判が確定したときは、当該措置は、当該裁判と抵触する範囲において、撤回されたものとする。

［解説］

　第1項第二号の「人間関係の調整」を委員会の任務とすることについては、積極の意見のほか、消極の意見がみられます。特に、ジェンダーの分野（特に暴力被害）に関しては、近時、加害者との人間関係調整、調停による合意などは有害無益であるとの意見が多くなっています。そこで、本法では、当該申出をした者又は当該情報において差別による被害を受けたとされ、若しくは受けるおそれがあるとされる者の同意がある場合に限るとしています。

（公務員及びその所属する機関等に対する勧告）

第34条　人権委員会は、国又は地方公共団体の職員がその職務を行うについて差別を行ったと認める場合において、差別による被害の救済又は予防を図るため必要があると認めるときは、前条第1項各号及び第2項各号（第二号を除く。）に掲げる措置のほか、次に掲げる措置を講ずることができる。

　　一　当該差別をした者に対し、その行為をやめるべきこと又はその行為又は言動若しくはこれと同様の行為又は言動を将来行わないことその他被害の救済又は予防に必要な措置をとるべきことについて勧

告をすること。

二　当該差別をした者が所属する機関又は団体（次項第二号及び次条において「機関等」という。）に対し、その行為又は言動をやめさせるべきこと又はその言動若しくはこれと同様の差別を将来行わせないことその他被害の救済又は予防に必要な措置をとるべきことについて勧告をすること。

2　人権委員会は、次の各号に掲げる場合には、あらかじめ、当該各号に定める者に対し、意見を述べる機会を与えなければならない。

一　前項第一号の勧告をしようとする場合　当該勧告の対象となる者

二　前項第二号の勧告をしようとする場合　当該人権侵害行為をした者及び当該勧告の対象となる機関等

3　人権委員会は、第1項各号の勧告をしたときは、速やかにその旨を当該勧告に係る差別行為又は差別言動の被害者に通知しなければならない。

4　前条第5項の規定は、第1項各号の勧告をした場合について準用する。

（勧告に係る報告及び公表）

第35条　人権委員会は、必要があると認めるときは、前条第1項第二号の勧告を受けた機関等に対し、当該勧告に基づきとった措置について報告を求めることができる。

2　人権委員会は、前条第1項第二号の勧告を受けた機関等が、正当な理由がなく当該勧告に係る措置をとらなかったときは、その旨を公表するものとする。

（調停及び仲裁）

第36条　人権委員会は、第33条第1項各号及び第2項各号並びに第34条第1項各号に掲げる措置のほか、差別に係る事件について、当事者の双方又は一方から調停又は仲裁の申請がある場合において、相当と認めるときは、この節に定めるところにより、調停委員会又は仲裁委員会を設けて、これに調停又は仲裁を行わせるものとする。

2　当事者の一方からする仲裁の申請は、この法律の規定による仲裁に付

する旨の合意に基づくものでなければならない。

（職権調停）

第37条　人権委員会は、相当と認めるときは、職権で、差別に係る事件を調停に付することができる。

（調停手続の非公開）

第38条　調停委員会の行う調停の手続は、公開しない。

（調停案の受諾の勧告）

第39条　調停委員会は、相当と認めるときは、一切の事情を考慮して調停案を作成し、当事者に対し、30日以上の期間を定めて、その受諾を勧告することができる。

2　前項の規定による勧告がされた場合において、当事者が調停委員会に対し指定された期間内に受諾しない旨の申出をしなかったときは、当該当事者間に調停案と同一の内容の合意が成立したものとみなす。

（調停をしない場合）

第40条　調停委員会は、申請に係る事件がその性質上調停をするのに適当でないと認めるとき、又は当事者が不当な目的でみだりに調停の申請をしたと認めるときは、調停をしないものとすることができる。

（調停の打切り）

第41条　調停委員会は、調停に係る事件について調停による解決の見込みがないと認めるときは、調停を打ち切ることができる。

2　第39条第1項の規定による勧告がされた場合において、指定された期間内に当事者から受諾しない旨の申出があったときは、当該当事者間の調停は、打ち切られたものとみなす。

（時効の中断）

第42条　前条第1項の規定により調停が打ち切られ、又は同条第2項の規定により調停が打ち切られたものとみなされた場合において、当該調停の当事者がその旨の通知を受けた日から30日以内に調停の目的となった請求について訴えを提起したときは、時効の中断に関しては、調

停の申請の時又は職権で事件が調停に付された時に、訴えの提起があったものとみなす。

（調停の前置に関する特則）

第43条　民事調停法（昭和26年法律第222号）第24条の2第1項の事件又は家事事件手続法（平成23年法律第52号）第257条第1項の事件（同法第277条第1項に規定する事項についての事件を除く。）について訴えを提起した当事者が当該訴えの提起前に当該事件についてこの節に定めるところによる調停の申請をし、かつ、第41条第1項の規定により調停が打ち切られ、又は同条第2項の規定により調停が打ち切られたものとみなされた場合においては、民事調停法第24条の2又は家事事件手続法第257条の規定は、適用しない。この場合において、受訴裁判所は、適当であると認めるときは、職権で、事件を調停に付することができる。

（仲裁法の適用）

第44条　仲裁委員会の行う仲裁については、この法律に特別の定めがある場合を除き、仲裁委員を仲裁人とみなして、仲裁法（平成15年法律第138号）の規定（第10章の規定を除く。）を適用する。

（命令）

第45条　人権委員会は、調停が打ち切られた場合において、再び同一理由で差別を行い、又は行わせる明らかなおそれがあると認めるに足りる十分な理由があるときは、その者に対し、地域を定めて、この項の規定による命令の日から6月間、同一理由で差別を行い、又は行わせてはならない旨を命ずることができる。

（訴訟参加）

第45条の2　人権委員会は、第34条第1項の規定による勧告がされた場合において、当該勧告に係る人権侵害の内容、性質その他の事情に鑑み、必要があると認めるときは、当該人権侵害に関する請求に係る訴訟に参加することができる。

2　前項の規定による参加の申出については、民事訴訟に関する法令の規

定中補助参加の申出に関する規定を準用する。

3　人権委員会が第1項の規定による参加の申出をした場合において、当事者が当該訴訟における請求が当該勧告に係る人権侵害に関するものでない旨の異議を述べたときは、裁判所は、参加の許否について、決定で、裁判をする。この場合においては、人権委員会は、当該訴訟における請求が当該勧告に係る人権侵害に関するものであることを疎明しなければならない。

4　前項の異議及び裁判については、民事訴訟法（平成8年法律第109号）第44条第2項及び第3項の規定を準用する。

5　第1項の規定により訴訟に参加した人権委員会については、民事訴訟法第45条第1項及び第2項の規定（同条第1項の規定中上訴の提起及び再審の訴えの提起に関する部分を除く。）を準用する。

6　民事訴訟法第61条から第65条までの規定は、第3項の異議によって生じた訴訟費用の人権委員会とその異議を述べた当事者との間における負担の関係及び第1項の規定による参加によって生じた訴訟費用の人権委員会と相手方との間における負担の関係について準用する。

7　人権委員会が参加人である訴訟における確定した訴訟費用の裁判は、国に対し、又は国のために、効力を有する。

［解説］

　本救済手続については、現行法における既存の救済方法を念頭においた上で、人権委員会設置法案の規定や「川崎市差別のない人権尊重のまちづくり条例」なども参考にして、規定しました。

　仲裁判断は訴訟の対象とならないので、判断に最終拘束されることになります。調停委員、仲裁人ともに人選が重要であり、人権委員会、NGOが協力して人材開発などを行う必要があります。

　人権委員会の訴訟参加についても詳しく規定しました。

　罰則の担保は、手続の場面でも問題となります。人権擁護法案では、調

176

査について次のような規定が置かれていました。

第44条第1項　人権委員会は、当該人権侵害等に係る事件について必要
　な調査をするため、次に掲げる処分をすることができる。
　一　事件の関係者に出頭を求め、質問すること。
　二　当該人権侵害等に関係のある文書その他の物件の所持人に対し、そ
　　の提出を求め、又は提出された文書その他の物件を留め置くこと。
　三　当該人権侵害等が現に行われ、又は行われた疑いがあると認める場
　　所に立ち入り、文書その他の物件を検査し、又は関係者に質問すること。

　そして、実効性を担保するために、正当な理由なく、上記の規定に違反
して、「出頭せず、又は陳述をしなかった者」「文書その他の物件を提出し
なかった者」「立入検査を拒み、妨げ、又は忌避した者」は30万円以下の
過料に処するとされていました。
　川崎市条例でも、ヘイトスピーチに刑事罰を科す、全国で初の条例が
2019年12月に制定されています。罰則の対象となる行為を厳格に絞り込
んだうえで、罰則対象となる行為をした団体が再び同様の行為をしようと
したときは、市長は中止を勧告する。勧告に違反した団体が再び行為に及
びそうなときは、市長は中止を命令する。命令に違反すると、市長は、氏
名などを公表し、捜査当局に告発する。起訴され、刑事裁判で有罪が確定
したときに罰金が科される。市長は、勧告、命令、告発の各段階で、有識
者でつくる「差別防止対策審査会」に意見を聴く。このような仕組みです。
　ちなみに、川崎市条例は、救済手続について、次のように規定しています。

第13条　市長は、前条の規定に違反して同条各号に掲げる本邦外出身者
　に対する不当な差別的言動を行い、又は行わせた者が、再び当該本邦外
　出身者に対する不当な差別的言動に係る国又は地域と同一の国又は地域
　の出身であることを理由とする同条の規定に違反する同条各号に掲げる

本邦外出身者に対する不当な差別的言動(以下「同一理由差別的言動」
という。)を行い、又は行わせる明らかなおそれがあると認めるに足り
る十分な理由があるときは、その者に対し、地域を定めて、この項の規
定による勧告の日から6月間、同一理由差別的言動を行い、又は行わせ
てはならない旨を勧告することができる。

2　市長は、前項の規定による勧告をしようとするときは、あらかじめ、
川崎市差別防止対策等審査会の意見を聴かなければならない。ただし、
緊急を要する場合で、あらかじめ、その意見を聴くいとまがないときは、
この限りでない。

第14条　市長は、前条第1項の規定による勧告に従わなかった者が、再
び同一理由で差別的言動を行い、又は行わせる明らかなおそれがあると
認めるに足りる十分な理由があるときは、その者に対し、地域を定めて、
この項の規定による命令の日から6月間、同一理由で差別的言動を行い、
又は行わせてはならない旨を命ずることができる。

2　市長は、前項の規定による命令をしようとするときは、あらかじめ、
川崎市差別防止対策等審査会の意見を聴かなければならない。ただし、
緊急を要する場合で、あらかじめ、その意見を聴くいとまがないときは、
この限りでない。

第15条　市長は、前条第1項の規定による命令を受けた者が、当該命令
に従わなかったときは、次に掲げる事項を公表することができる。

　　一　命令を受けた者の氏名又は名称及び住所並びに法人(法人でない
　　　団体で代表者又は管理人の定めのあるものを含む。)にあっては、そ
　　　の代表者又は管理人の氏名

　　二　命令の内容

　　三　その他規則で定める事項

2　市長は、前項の規定による公表をしようとするときは、あらかじめ、
川崎市差別防止対策等審査会の意見を聴かなければならない。

3　市長は、前項に規定する川崎市差別防止対策等審査会の意見を聴いて、

第1項の規定による公表をしようとするときは、あらかじめ、当該公表される者にその理由を通知し、その者が意見を述べ、証拠を提示する機会を与えなければならない。

第16条　市長は、公の施設（市が設置するものに限る。以下同じ。）において、本邦外出身者に対する不当な差別的言動が行われるおそれがある場合における公の施設の利用許可及びその取消しの基準その他必要な事項を定めるものとする。

第17条　市長は、インターネットその他の高度情報通信ネットワークを利用する方法による表現活動（他の表現活動の内容を記録した文書、図画、映像等を不特定多数の者による閲覧又は視聴ができる状態に置くことを含む。以下「インターネット表現活動」という。）のうち次に掲げるものが本邦外出身者に対する不当な差別的言動に該当すると認めるときは、事案の内容に即して、当該インターネット表現活動に係る表現の内容の拡散を防止するために必要な措置を講ずるものとする。

一　市の区域内で行われたインターネット表現活動

二　市の区域外で行われたインターネット表現活動（市の区域内で行われたことが明らかでないものを含む。）で次のいずれかに該当するもの

ア　表現の内容が特定の市民等（市の区域内に住所を有する者、在勤する者、在学する者その他市に関係ある者として規則で定める者をいう。以下同じ。）を対象としたものであると明らかに認められるインターネット表現活動

イ　アに掲げるインターネット表現活動以外のインターネット表現活動であって、市の区域内で行われた本邦外出身者に対する不当な差別的言動の内容を市の区域内に拡散するもの

2　市長は、前項の措置を講じたときは、当該インターネット表現活動が本邦外出身者に対する不当な差別的言動に該当する旨、当該インターネット表現活動に係る表現の内容の概要及びその拡散を防止するために

講じた措置その他規則で定める事項を公表するものとする。ただし、こ
　　れを公表することにより第11条の趣旨を阻害すると認められるときそ
　　の他特別の理由があると認められるときは、公表しないことができる。

3　前2項の規定による措置及び公表は、市民等の申出又は職権により行
　　うものとする。

4　市長は、第1項及び第2項の規定による措置及び公表をしようとする
　　ときは、あらかじめ、川崎市差別防止対策等審査会の意見を聴かなけれ
　　ばならない。

5　市長は、第2項の規定による公表をするに当たっては、当該本邦外出
　　身者に対する不当な差別的言動の内容が拡散することのないよう十分に
　　留意しなければならない。

第18条　第13条第2項本文、第14条第2項本文、第15条第2項及び前条
　　第4項に定めるもののほか、不当な差別の解消のために必要な事項につ
　　いて、市長の諮問に応じ、調査審議するため、川崎市差別防止対策等審
　　査会（以下「審査会」という。）を置く。

2　審査会は、委員5人以内で組織する。

3　委員は、学識経験者のうちから市長が委嘱する。

4　第10条第4項から第10項までの規定は、審査会について準用する。

第19条　審査会は、市長又は第17条第4項の規定により調査審議の対象
　　となっているインターネット表現活動に係る同条第3項の規定による申
　　出を行った市民等に意見書又は資料の提出を求めること、適当と認める
　　者にその知っている事実を述べさせることその他必要な調査を行うこと
　　ができる。

2　審査会は、第13条第2項本文、第14条第2項本文若しくは第15条第
　　2項の規定により調査審議の対象となっている者又は前項のインター
　　ネット表現活動を行ったと認められる者に対し、相当の期間を定めて、
　　書面により意見を述べる機会を与えることができる。

3　審査会は、必要があると認めるときは、その指名する委員に第1項の

規定による調査を行わせることができる。

第20条　この章の規定の適用に当たっては、表現の自由その他の日本国憲法の保障する国民の自由と権利を不当に侵害しないように留意しなければならない。

第21条　市長は、第13条から第15条までの規定の施行に必要な限度において、第12条の規定に違反して同条各号に掲げる本邦外出身者に対する不当な差別的言動を行い、若しくは行わせたと認められる者又は第13条第1項の規定による勧告若しくは第14条第1項の規定による命令に従わなかったと認められる者に対し、必要な報告を求め、又はその職員に、関係者に質問させることができる。

2　前項の規定により質問を行う職員は、その身分を示す証明書を携帯し、関係者の請求があったときは、これを提示しなければならない。

3　第1項の規定による権限は、犯罪捜査のために認められたものと解釈してはならない。

第23条　第14条第1項の規定による市町の命令に違反した者は、50万円以下の罰金に処する。

第24条　法人（法人でない団体で代表者又は管理人の定めのあるものを含む。以下この項において同じ。）の代表者若しくは管理人又は法人若しくは人の代理人、使用人その他の従業者が、その法人又は人の業務に関し、前条の違反行為をしたときは、行為者を罰するほか、その法人又は人に対しても、同条の刑を科する。

2　法人でない団体について前項の規定の適用がある場合には、その代表者又は管理人が、その訴訟行為につき法人でない団体を代表するほか、法人を被告人又は被疑者とする場合の刑事訴訟に関する法律の規定を準用する。

　本法の救済手続においても、このような手続を盛り込むことも考えられてよいように思われます。そのため、本法13条第2項では、人権委員会

内に人権審判所（仮称）を付設し、人権委員会の事務のうち、個別の差別及びこれによる被害の救済等の事務を担当する旨の規定を置いています。

　人権擁護法案では、差別助長行為等について停止の勧告等及び差止請求訴訟が認められ、次のような規定が置かれていました。

第64条　人権委員会は、第43条に規定する行為が現に行われ、又は行われたと認めるときは、当該行為をした者に対し、理由を付して、当該行為をやめるべきこと又は当該行為若しくはこれと同様の行為を将来行わないことを勧告することができる。

2　前項の勧告については、第60条第2項及び第61条の規定を準用する。

第65条　人権委員会は、第43条に規定する行為をした者に対し、前条第1項の規定による勧告をしたにもかかわらず、その者がこれに従わない場合において、当該不当な差別的取扱いを防止するため必要があると認めるときは、その者に対し、当該行為をやめるべきこと又は当該行為若しくはこれと同様の行為を将来行わないことを請求する訴訟を提起することができる。

2　前項の訴訟については、第63条第7項の規定を準用する。

　今回の本法案では、この種の規定は置いていません。賛否両論があり得るかと思われます。この点も、今後、さらに検討を深めていきたいと思います。

第5章　雑則

（主務大臣）

第46条　この法律における主務大臣は、各種の差別を取り扱うことから、内閣府担当大臣とする。

［解説］

　主務大臣を法務大臣にするか内閣府担当大臣にするかは、議論が分かれるところです。人権擁護法案及び人権委員会設置法では、主務大臣は法務大臣とされました。法務省設置法第４条により、「人権侵犯事件に係る調査並びに被害の救済及び予防に関すること」「人権啓発及び民間における人権擁護運動の助長に関すること」「人権相談に関すること」は法務省の所掌事項とされているからです。しかし、これには強い異論が示され、両法案が廃案になる理由の一つになりました。

　本法では、主務大臣を内閣府担当大臣にしました。これについても、いろいろな議論があるところです。さらに議論を掘り下げていただきたいと思います。

（地方公共団体が処理する事務）

第47条　主務大臣の権限に属する事務は、政令で定めるところにより、地方公共団体の長その他の執行機関が行うこととすることができる。

［解説］

　主務大臣の権限に属する事務につき、地方公共団体の長等による事務執行を可能とする規定です。

（権限の委任）

第48条　この法律の規定により主務大臣の権限に属する事項は、政令で定めるところにより、その所属の職員に委任することができる。

［解説］

　主務大臣の権限に属する事務につき、職員への委任を可能とする規定です。

183

（政令への委任）
第49条　この法律に定めるもののほか、この法律の実施のため必要な事項は、政令で定める。

［解説］
　本法の実施のため必要な事項につき、政令への委任を可能とする規定です。

おわりに——法案の制定を願って

　法律をつくるにあたっては、なぜその法律が必要であるのかという事実を具体的に明らかにする必要があります。こうした事実を立法事実と呼びます。差別禁止法の場合は、現に生じている差別の現実がこれにあたります。それを社会的に明らかにし、第三者がこうした事実を認識できるように示さなければなりません。

　そのためには、被差別当事者が自らの悔しい思いや辛い体験を一つひとつ明らかにし、差別の現実をつまびらかにすることが求められます。しかし、この作業は容易ではありません。当事者が被差別の事実を告発するということは、とりもなおさずカミングアウトすることを意味しますが、差別が厳しければ厳しいほど、このカミングアウトにはさまざまな困難が伴うからです。

　一人では困難です。当事者が手を携えて、差別の現実を社会に訴える必要があります。本法の場合は、すべての被差別当事者が手を携えて訴える必要があります。この連携は実現しつつあります。法制定の大きな力になっています。

　しかし、それだけで十分かというと、そうではありません。法律の制定を実現する最終的な決め手は世論の力ということになるからです。圧倒的多数の市民が、「差別禁止法を制定せよ！」と声をあげれば、必ず、この取組は成功します。その意味では、被差別当事者と並ぶ、「差別禁止法」

制定運動のもう一方の主体は、多くの市民の方々ということになります。

　私たちは、ある差別問題については加差別当事者だが、別の差別問題については被差別当事者だということも稀ではありません。マイノリティ差別問題に、私たちは加差別当事者、被差別当事者の両面で関わっています。たとえば、外国人差別を例にとりますと、日本国籍を持っている人は日本では外国人ではないかもしれませんが、国外に一歩出ると外国人ということになります。マイノリティ差別の問題は決して他人事ではないのです。自分事なのです。

　他人の家が燃えているからといって、放っておくと、火が燃え広がり、ついには自分たちの住む家にも燃え移りかねません。マイノリティ差別は、この火に譬えることができます。火の前では、自分の家か他人の家かといった区別はないのです。みんなの力を合わせて、火を消し止める必要があります。表面的には消し止めたように思えても、残り火があると、再び燃え広がる危険性があります。完全に消火しなければなりません。この消火装置が差別禁止法ということになります。

world initiatives

世界における差別禁止法の制定状況

国・地域名	施行年	法律名（日本語訳）
アメリカ	1964年	1964年公民権法
カナダ	1978年	人権法
オランダ	1994年	一般平等待遇法
ノルウェー	2006年	差別禁止法 民族、宗教等に基づく差別の禁止に関する法律
ドイツ	2006年	一般平等取扱法
スウェーデン	2009年	差別禁止法
イギリス	2010年	2010年平等法
フィンランド	2015年	差別禁止法

オーストラリア

連邦では差別事由（障害、年齢、人種、性別）ごとの個別差別禁止法が制定されているが、包括法は制定されていない。
ただし、「オーストラリア人権委員会法」という人権委員会設置法が1986年に制定されている。また、各州では包括的差別禁止法が制定されているところが多い。

EU（欧州連合）

※1「人種差別撤廃指令 2000/43/EC（人種又は民族的出身に関わりなく平等待遇原則を適用するための2000年6月29日の理事会指令）」や、※2「雇用差別撤廃指令 2000/78/EC（就業及び職業における平等待遇の実現のための一般的枠組みを定めるための2000年11月27日の理事会指令）」等が発出されており、EU各国に影響を及ぼしている。
それぞれ「差別禁止事由」「対象分野」が限定的であり包括法ではないものの、差別行為の定義や救済に関わる規定、平等促進機関の設置義務などが定められている。

（一社）部落解放・人権研究所「差別禁止法研究会」作成（2022年5月）

法律名（原文）	備考
Civil Rights Act of 1964	別途に、
Canadian Human Rights Act	**公正住宅法** Fair Housing Act 【1968年】
Algemene wet gelijke behandeling (AWGB)	**障害をもつ** **アメリカ人法** Americans with Disabilities Act of 1990 【1990年】
Diskrimineringsloven Lov om forbud mot diskriminering på grunn av etnisitet, religion mv.	などの個別差別 禁止法が制定さ れている。
Allgemeines Gleichbehandlungsgesetz (AGG)	
Diskrimineringslag (2008:567)	
Equality Act 2010	
Yhdenvertaisuuslaki (1325/2014)	参 照

	🇫🇷 フランス	🇰🇷 韓国
※1 原文 Race Equality Directive 2000/43/EC (Council directive implementing the principle of equal treatment between persons irrespective of racial or ethnic origin) ※2 原文 Equality Framework Directive 2000/78/EC (Council directive establishing a general framework for equal treatment in employment and occupation)	包括的差別禁止法はなく、EU指令等にもとづいて「刑法、225条1-225条4，差別（Code pénal, Articles 225-1 à 225-4, Des discriminations)」や「労働法、L1131条1-L1134条10、差別（Code du travail, Articles L1131-1 à L1134-10, Discriminations)」などの法律が随時制定・改正されている。	「国家人権委員会法」という人権委員会設置法が2001年に施行されて以降、包括的差別禁止法の制定に向けた取り組みが進められ、差別禁止法案が数度にわたり国会で提案・議論されてきたものの、成立には至っていない。 ただし、個別には「障害者差別及び権利救済に関する法律」（2008年）などが施行されている。

（『差別禁止法をつくろう!～すべてのひとがともに暮らしやすい社会づくりにむけて～』(一社)部落解放・人権研究所「差別禁止法研究会」編・発行／デザイン ㈱イングラムジャパン、2022年より転載）

【執筆者一覧】 （五十音順、敬称略）

明 英彦　　　　一般社団法人全国自死遺族連絡会

上村和子　　　国立市議会議員

内田博文　　　「差別禁止法研究会」代表、九州大学名誉教授

加藤力也　　　特定非営利活動法人ぷれいす東京理事、ネスト・プログラム・コーディネーター

加藤めぐみ　　福祉運動・みどりの風

北野隆一　　　朝日新聞編集委員

佐藤 聡　　　　NPO法人DPI日本会議事務局長

田尻雅美　　　熊本学園大学　水俣学研究センター

谷川雅彦　　　一般社団法人部落解放・人権研究所代表理事

多原良子　　　一般社団法人メノコモシモシ代表

外川浩子　　　NPO法人マイフェイス・マイスタイル代表

戸田光隆　　　『同和問題』にとりくむ宗教教団連帯会議第22期議長　曹洞宗

西山 朗　　　　一般社団法人LGBT法連合会事務局長代理

服部雅幸　　　東京人権啓発企業連絡会理事長

林 陽子　　　　元国連女性差別撤廃委員会委員長、弁護士

原田惠子　　　福祉運動・みどりの風

藤原精吾　　　弁護士

文 公輝　　　　NPO法人多民族共生人権教育センター

【初出一覧】

・〔第1部〕差別禁止法案の作成にあたって（内田博文）

・〔第3部〕すべての人の無差別平等の実現に関する法律（案）

　　　　　　以上、『すべての人の無差別平等の実現に関する法律（案）』

　　　　　　（（一社）部落解放・人権研究所「差別禁止法研究会」、2022年）

・〔第3部〕差別禁止法Q＆A（Q1～12）

・〔第3部〕「すべての人の無差別平等の実現に関する法律（案）」の特徴

・〔第3部〕【資料】世界における差別禁止法の制定状況（2022年）

　　　　　　以上、『差別禁止法をつくろう！～すべてのひとがともに暮らしやすい社会

　　　　　　づくりにむけて～』

　　　　　　（（一社）部落解放・人権研究所「差別禁止法研究会」、2022年）

差別禁止法の制定を求めて
すべての人の無差別平等の実現

2025年3月20日　第1版第1刷発行

編集・発行　一般社団法人　部落解放・人権研究所
発　　売　株式会社　解放出版社
　　　　　〒552-0001　大阪市港区波除4-1-37　HRCビル3階
　　　　　TEL06-6581-8542　FAX06-6581-8552
　　　　　東京事務所
　　　　　〒113-0033　東京都文京区本郷1-28-36　鳳明ビル102A
　　　　　TEL03-5213-4771　FAX03-5213-4777
振　　替　00900-4-75417
ホームページ　https://www.kaihou-s.com/
印刷・製本・本文レイアウト・装丁　㈱宮崎南印刷

ISBN978-4-7592-3030-7　C0036 NDC360　　188P　　21cm
定価はカバーに表示しております。落丁・乱丁おとりかえします。